Antoine de Saint-Exupéry
Wind, Sand und Sterne

RICHARZ GESCHENKBIBLIOTHEK
Bücher in großer Schrift

Antoine de Saint-Exupéry

Wind, Sand und Sterne

Ins Deutsche übertragen
von Henrik Becker

Richarz Geschenkbibliothek
Verlag CW Niemeyer

Die Deutsche Bibliothek – CIP-Einheitsaufnahme

Saint-Exupéry, Antoine de:
Wind, Sand und Sterne / Antoine de Saint-Exupéry. Ins Dt. übertr. von Henrik Becker. – 2. Aufl. – Hameln : Niemeyer, 1996
(Richarz Geschenkbibliothek, Bücher in großer Schrift)
Einheitssacht.: Terre des Hommes <dt.>
Lizenz des Rauch-Verl., Düsseldorf
ISBN 3-8271-0770-9

Lizenzausgabe mit freundlicher Genehmigung
der Karl Rauch Verlag KG, Düsseldorf
Titel der französischen Originalausgabe: „Terre des Hommes"

2. Auflage 1996
Satzherstellung: Richarz Publikations-Service
Umschlaggestaltung: Christiane Rauert, München,
Foto: Bilderberg Archiv der Fotografen GmbH, Hamburg
Gesamtherstellung: Ueberreuter Buchproduktion, Korneuburg
Printed in Austria
ISBN 3-8271-0770-9

Dieses Buch
gehört meinem Kameraden

Henri Guillaumet

Inhalt

Die Erde schenkt uns mehr Selbsterkenntnis als alle Bücher, weil sie uns Widerstand leistet. Und nur im Kampfe findet der Mensch zu sich selber. Aber er braucht dazu ein Werkzeug, einen Hobel, einen Pflug. Der Bauer ringt in zäher Arbeit der Erde immer wieder eines ihrer Geheimnisse ab, und die Wahrheiten, die er ausgräbt, sind allgültig. So stellt auch das Flugzeug, das Werkzeug des Luftverkehrs, den Menschen allen alten Welträtseln gegenüber und wird uns zum Werkzeug der Erkenntnis und der Selbsterkenntnis.

Wenn ich mit solchen Gedanken vor andere Menschen trete, ersteht mein erster Nachtflug in Argentinien vor mir, das Bild einer dunklen Flugnacht, in der nur die weit verstreuten Lichter in der Ebene gleich fernen Sternen leuchteten.

Jedes von ihnen meldete in diesem Weltmeer von Finsternis das Wunder eines Bewußtseins. Dort, in diesem Heim, da las ein Mensch, da dachte ein Mensch, da gingen vertraute Mitteilungen von Mund zu Ohr. Dort, in jenem anderen, da mühte sich ein Forschergeist, in den Weltenraum zu dringen, und zerbrach sich den Kopf mit Berechnungen über den Andromedanebel. Dort drüben hatten sich zwei Menschen lieb.

In weiten Zwischenräumen leuchteten die Feuer im Lande und forderten ihre Nahrung. Selbst die kleinsten und bescheidensten riefen, beim Dichter, beim Lehrer, beim Zimmermann. Aber in dem Raum zwischen diesen lebenden Sternen, wie viele verschlossene Fenster gab es da, erloschene Sterne, schlafende Menschen!

Ich muß versuchen, Anschluß zu finden. Ich will mich bemühen, mit einigen dieser Feuer, die in weiten Zwischenräumen im Lande brennen, Verbindung herzustellen.

Die Strecke

1926. Als junger Verkehrsflieger war ich frisch bei der Latécoère-Gesellschaft eingetreten, die vor der Aeropostale, später Air-France, die Strecke Toulouse-Dakar (Frankreich–Senegal) betrieb. Dort lernte ich das Handwerk. Wie meine Kameraden ließ ich die Probezeit über mich ergehen, die alle Jungen durchmachen müssen, ehe ihnen die große Ehre zuteil wird, die Post zu befördern. Flugversuche, „Langstreckenflüge“ Toulouse–Perpignan über 160 Kilometer, elende Stunden Wetterkunde im hintersten Winkel eines eisigen Flugzeugschuppens. Wir lebten in unbestimmter Furcht vor den Bergen in Spanien, die wir noch nicht kannten, und in Ehrfurcht vor den „Alten“.

Ja unsere Alten! Wir trafen sie in der Gastwirtschaft. Unwirsch waren sie, hielten auf Abstand und gaben ihren guten Rat sehr von oben herab. Und wenn einmal einer mit schwerer Verspätung von Alicante oder Casablanca eintraf, mit triefend nassem Lederzeug unter uns trat und sich dann einer von uns schüchtern nach seinem Flug erkundigte, dann ließen die kurzen Antworten des Alten an Sturmtagen vor uns eine wilde Märchenwelt erstehen, eine Welt voller Fallstricke und Hinterhalte, mit Steilklippen, die plötzlich aus dem Nichts herauswuchsen, mit Luftwirbeln, die starke Zedern entwurzeln konnten. Schwarze Drachen verlegten die Talmündungen, Blitzbüschel krönten die Bergkämme. Diese Alten ließen es sich etwas kosten, unseren Respekt vor ihnen wach zu erhalten! Und dann kam immer wieder die Stunde, wo einer von ihnen – nun ehrfurchtgebietend für alle Zeit – nicht wiederkehrte.

Ich erinnere mich an eine Heimkehr Burys, der später sein Leben im Corbières-Bergland, zwischen Toulouse und Perpignan, lassen mußte. Dieser alte Flugzeugführer hatte sich in unserer Mitte niedergelassen, und nun saß er, mit schweren Bewegungen, wortlos, die Schultern noch steif vom angestrengten Steuern, beim Essen. Es war der Abend nach einem jener bösen Tage, wo das Wetter auf der ganzen Flugstrecke faul ist, wo es dem Flieger vorkommt, als schwämmen die Berge im Nebelschlamm herum, ähnlich wie auf den alten Kriegsschiffen sich manchmal die Geschütze von ihren Verankerungen losrissen und das Verdeck zerpflügten. Ich mußte ständig zu ihm hinsehen, verschluckte aber immer wieder meine Rede; schließlich wagte ich es doch und fragte ihn, ob sein Flug schwer gewesen sei. Bury hörte nicht, sondern stierte mit gerunzelter Stirn auf seinen Teller. In den offenen Flugzeugen jener Tage pflegte man sich bei schlechtem Wetter öfters aus der Deckung der Windschutzscheibe hervorzubeugen, um besser zu sehen, und das Windgepfeife, das einem dann um die Ohren schlug, hallte lange nach. Endlich aber hob Bury den Kopf und schien mich zu hören, sich zu besinnen. Dann brach er plötzlich in ein helles Lachen aus. Das brachte mich aus der Fassung, denn Bury lachte selten. Dieses Lachen aber verklärte seine Strapazen. Er gab auch keine andere Erklärung über seinen Sieg ab, sondern beugte den Kopf wieder über den Teller und fuhr fort, schweigend zu kauen. Mir aber schien in der Durchschnittlichkeit dieser Speisewirtschaft, in der kleine Beamten die kleinen Mühen des Tages ausglichen, dieser Kamerad mit den schweren Schultern wie geadelt. Strahlte nicht durch seine rauhe Schale hindurch etwas von dem Engel, der den Drachen besiegt hatte?

Endlich kam der Tag, an dem auch ich in das Zimmer des Direktors gerufen wurde. Er sagte nur:

„Sie fliegen morgen."

Ich blieb stehen und wartete, daß er mich entließ. Er aber fügte nach einer Pause noch hinzu: „Sie kennen die Vorschriften?"

Damals waren nämlich die Motoren noch lange nicht so zuverlässig wie heute. Oft genug ließen sie einen plötzlich im Stich, und ohne jede Warnung saß man im Geklirr des zertrümmerten Porzellanladens. Dann steuerte man nach der Steinkruste Spaniens, die doch keinerlei Zuflucht bot. „Wenn hier der Motor kaputtgeht“, sagten wir unter uns, „dann folgt das Flugzeug nur zu schnell ihm nach.“ Nun, ein Flugzeug ist nicht unersetzbar. Die Hauptsache ist, nicht blindlings aufs Felsenland niederzugehen. Darum war es uns bei schwerster Strafandrohung verboten, Wolkenmassen über den Berglandschaften zu überfliegen. Der Flieger, dem da der Motor ausgefallen wäre, wäre in der weißen Watte verschwunden und an die Berge gerannt, ohne sie vorher sehen zu können.

Und so wiederholte denn an jenem Abend eine langsame Stimme mit sehr viel Nachdruck noch einmal die Vorschrift: „Nach Kompaß fliegen ist schon schön; in Spanien über Nebelmeere so wegsteuern, das macht sich fein, aber ...“ – und da wurde die Stimme noch langsamer und nachdrücklicher – „aber ... vergessen Sie nicht: unter den Wolken wartet auf Sie ... die Ewigkeit.“

Mit einem Schlage bekam die friedliche, einfache, klare Welt, auf die man stößt, wenn man aus den Wolken hinabtaucht, ein neues Gesicht. Auch diese Friedlichkeit war nur eine Falle, die dort zu meinen Füßen lauerte. Nicht geschäftige

Menschheit wogte da unten, nicht der Betrieb und der lebhafte Verkehr der Städte. Nein, da herrschte noch ein tieferes Schweigen, ein Friede ohne Wiederkehr. Das weiße Gewoge war die Grenze von Sein und Nichtsein, ein schauerlich schneller Übergang von der Welt des Bekannten in das Reich des Unwißbaren. Leise ahnte ich, daß ein Schauspiel nur dann Sinn hat, wenn man es auf eine Bestrebung, auf eine Gesittung, auf ein menschliches Tun beziehen kann. Die guten Gebirgler kennen die Wolkenmeere wohl; aber sie vermögen doch in ihnen nicht die geheimnisvolle Scheidewand zu erkennen, die sie für mich bedeuteten.

Als ich das Direktorzimmer verließ, packte mich ein knabenhafter Stolz. Beim nächsten Morgengrauen durfte also auch ich verantwortlich für das Leben von Fluggästen und für das Heil der Post nach Afrika sein. Aber ich empfand auch eine tiefe Demut. Ich fühlte mich ungenügend vorbereitet. Spanien ist arm an Zufluchtsplätzen; so mußte ich fürchten, keine Stelle für eine Notlandung zu finden, wenn es eine Störung gab. Vergeblich hatte ich über auskunftskargen Karten gebrütet. Also ging ich, während mein Herz zwischen Stolz und Demut schwankte, um meine Sporenwache, wie man diesen letzten

Abend vor dem Ritterschlag wohl nennen darf, bei meinem Kameraden Guillaumet zu verbringen. Er war vor mir auf dieser Strecke geflogen, er besaß gewissermaßen den Schlüssel zu Spanien; von ihm mußte ich mich einweihen lassen.

Er strahlte, als ich eintrat: „Ich weiß schon. Du bist selig, was?"

Rasch ging er zum Wandspind und holte Portwein und Gläser. Dann kam er wieder und sagte, noch immer strahlend:

„Das müssen wir begießen. Du wirst schon sehen. Alles klappt tadellos."

Er verbreitete Zuversicht um sich wie eine Lampe Licht, der Kamerad, der später einmal die besten Flugzeiten für Postflüge über die Anden und den Südatlantik unterbieten sollte. Doch das war Jahre später. An jenem Abend saß er in Hemdsärmeln mit verschränkten Armen unter der Lampe und lächelte so wohltuend und sagte so schlicht: „Sturm, Nebel, Schnee, die werden dir schon manchmal zu schaffen machen. Dann denke nur an die, die das vor dir erlebt haben und sage dir ganz einfach: Was anderen gelungen ist, wirst du auch schaffen!"

Ich aber packte doch meine Karten aus und bat ihn, mit mir die Reise ein bißchen durchzugehen. So saß ich denn vorgebeugt unter der Lampe, an die Schulter des „Alten“ gelehnt, und es war wieder wie in seligen Schulzeiten.

Aber was bekam ich da für eine sonderbare Erdkundestunde! Guillaumet paukte mir Spanien nicht ein, er machte mir das Land vertraut. Da gab es keine Flußgebiete, Viehstatistik und Volkskunde. Er erzählte nicht von Guadix, sondern von den drei Apfelsinenbäumen an einem Feldrand vor Guadix: „Nimm dich vor denen in acht! Zeichne sie auf deine Karte ein!“ Und alsbald wuchsen die drei Apfelsinenbäume gewaltiger auf als die Sierra Nevada. Er erzählte auch nichts von Lorca, sondern nur von einem schlichten Bauernhof nahe dabei, von einem lebenserfüllten Hofe, vom Bauern und von der Bäuerin. Dort saßen sie auf ihrem Berghang und waren unter ihren Lichtern bereit, wie Leuchtturmwärter, Menschen Hilfe zu bringen. Das gab den bescheidenen Leuten auf anderthalbtausend Kilometer Entfernung eine ungeahnte Wichtigkeit.

So zogen wir aus seinem Dunkel, aus seiner unbegreiflichen Ferne allerlei Wissen, das den Erdkundlern in aller Welt unbekannt ist. Sie wollen nur vom städtereichen Ebro wissen; der kleine Bach geht sie nichts an, der unter den Gräsern im Westen von Motril hinschleicht und ein Schock Blumen nährt. „Vor dem Bache mußt du dich hüten; der verdirbt den Grund. Zeichne ihn ein!“ Und niemals werde ich diese tückische Schlange bei Motril vergessen! Nach nichts sah das Bächlein aus, sein leises Murmeln mochte höchstens einigen Fröschen zur Freude gereichen – und doch war es stets halb wach. Auf dem verheißenden Paradies des Notlandeplatzes lauert es auf mich, zweitausend Kilometer von hier im Grase versteckt. Gebt ihm nur Gelegenheit und es macht aus mir eine lohende Feuersäule!

Auch die dreißig kriegerischen Hammel erwartete ich mit Fassung, die dort an der Hügelseite standen, immer angriffsbereit: „Du denkst, die Wiese ist frei, und schwupp, sausen dir die dreißig Viecher unter die Räder.“ Und ich? Mit wundergläubigem Lächeln nahm ich die tückische Drohung hin.

Denn langsam wurde Spanien auf meiner Karte da unter der Lampe zum Märchenland. Als Baken durch dies verwunschene Reich zeichnete ich mir Kreuzchen an alle Stätten der Zuflucht und an alle Hinterhalte. Der Bauer bekam sein Kreuzchen, die dreißig Hammel das ihre und der Bach das seine. Und auch die Hirtin wurde an ihrem Platze eingetragen, den ihr die zünftige Erdkunde neidisch versagt hatte.

Nachdem ich mich von Guillaumet verabschiedet hatte, verspürte ich Lust, mich im kalten Winterabend auszulaufen. Ich schlug den Mantelkragen hoch und trug meine jugendliche Glut unter Leuten spazieren, die von ihr keine Ahnung hatten. Die Berührung mit ihnen aber steigerte meine Stimmung, gerade weil sie mich nicht kannten und nichts von dem Geheimnis in meinem Herzen wußten. Sie beachten mich nicht, die Barbaren, und morgen früh vertrauen sie mir mit den Postsäcken ihr Werk, sie geben ihre Hoffnungen zu meinen getreuen Händen! So schritt ich, in meinen Mantel gewickelt, wie ein Schutzengel durch ihre Mitte. Sie aber sahen meinen Eifer nicht.

Dafür sprach freilich die Nacht auch nicht so zu ihnen, wie sie zu mir sprach. Die ersten Botschaften von einem Schneesturm, der sich da vielleicht zusammenbraute und mir meinen ersten Flug zur Hölle machen konnte, gingen mir an Leib und Seele. Stern um Stern erlosch. Was konnte das jenen Spaziergängern sagen? Nur ich war eingeweiht; es waren geheime Signale vor der Schlacht, die mir die Stellung des feindlichen Heeres verraten sollten.

Diese ersten Sturmzeichen die mich so ernsthaft angingen, erfuhr ich vor den hellen Schaufenstern, in denen Weihnachtsgeschenke lockten. Lagen da nicht in der Nacht alle Schätze der Welt? Ich erlebte den Wollustrausch der Entsagung. Ich war ein bedrohter Krieger; was galten mir noch die leuchtenden Spiegelkristalle, die auf den Heiligen Abend warteten, was sollten mir Lampenschirme, Bücher? Ich badete bereits im peitschenden Regen, ich schmeckte schon, als Verkehrsflieger, die bittere Kost eines Nachtfluges.

Um drei Uhr früh wurde ich geweckt. Ich schlug mit raschem Griff die Gardinen zurück, sah, daß es in der Stadt regnete, und zog mich in ernster Stimmung an.

Eine halbe Stunde später saß ich draußen auf meinem Köfferchen und wartete am regenglänzenden Bürgersteig auf den Autobus. So viele Kameraden hatten an ihrem Tauftag genau so gewartet, und auch ihnen war wohl ein wenig eng ums Herz gewesen. Endlich bog er um die Ecke, ein vorsintflutliches Fahrzeug, das wie eine Fuhre Alteisen klapperte, und ich verstaute mich auf der langen Bank zwischen den schlaftrunkenen Zollwärter und einige Schreiber aus der Verwaltung. Was roch dieser Autobus muffig nach Aktenstaub und Kanzlei, in denen das Leben eintrocknet! Alle halben Kilometer hielt er an, um einen weiteren Büromenschen oder einen Inspektor oder einen Zollbeamten aufzuladen. Die anderen schliefen schon wieder und beantworteten den Gruß jedes Neuankömmlings mit einem undeutlichen Grunzen. Dann suchte sich dieser seinen Platz, so gut es ging, und schlief auch ein. Das war eine traurige Fahrt auf dem holprigen Pflaster von Toulouse. Und der Herr Verkehrsflieger unterschied sich anfangs gar nicht von allen den Beamten, unter die er gepackt war. Aber die Straßenlampen zogen vorbei, der Flugplatz kam immer näher, und der alte schüttelnde Autobus ähnelte einer Puppenhülle, der ein Schmetterling entsteigen soll: denn aus diesem Fahrzeug gingen Menschen verwandelt hervor.

So hatten an ähnlichen Morgen meine Kameraden vor mir die Neugeburt erlebt; mitten unter diesen leichtverletzten Beamtenseelen, im Banne der mürrischen Blicke des Herrn Inspektors war plötzlich der Mensch in ihnen gewachsen, der die volle Verantwortung für die Post nach Spanien und Afrika trug, der drei Stunden später den Kampf mit den blitzesprühenden Drachen auf dem Bergkamm des Hospitalet aufnehmen würde und der vier Stunden später nach glücklichem Sieg über dieses Ungeheuer mit uneingeschränkter Vollmacht beschließen durfte, entweder den Bergstock von Alcoy unmittelbar anzugreifen oder ihn übers Meer hin zu umfliegen. Da stand mit einem Male der Herrscher, der sich nur noch mit den Gewitterstürmen, mit Bergriesen und Weltmeeren abgab. Fünf Stunden später gab er dem Winter den Abschied, ließ Schnee und Regen des Nordens hinter sich und setzte mit leerlaufendem Motor im herrlichsten Sommer unter der strahlenden Sonne von Alicante zur Landung an.

Den alten Autobus gibt es nicht mehr. Aber seine Kahlheit und Unbequemlichkeit sind mir lebendig in der Erinnerung geblieben. So wie er war alles, was wir durchlebten, ehe wir die herben Freuden unseres Berufes genießen durften. Alles bekam in diesem Fahrzeug eine geradezu packende Nüchternheit. So erinnere ich mich, wie ich drei Jahre später den Tod des Fliegers Lécrivain erfuhr. Er war einer der hundert Kameraden, die an einem nebligen Tage oder in einer nebligen Nacht ihren ewigen Abschied nahmen. Nicht zehn Worte wurden dabei gewechselt. Es war auch um drei Uhr morgens; es herrschte dasselbe Schweigen. Da tönte plötzlich aus dem Dunkeln die Stimme des Direktors, den wir selbst nicht sehen konnten. Er wandte sich an den Inspektor: „Lécrivain ist heute nacht nicht in Casablanca gelandet."

„So", sagte der Inspektor, „so!"

Und weil er nun einmal seinen Träumen entrissen war, raffte er sich zusammen, um Diensteifer zu zeigen, und bemühte sich aufzuwachen: „So? Nicht? Da ist er nicht hinübergekommen? Er ist wohl umgekehrt?"

Da kam aus dem Hintergrund des Autobus das eine Wort: „Nein." Wir warteten, aber es kam nichts mehr. Und wie sich Sekunde an Sekunde reihte, wurde uns immer klarer, daß diesem Nein kein anderes Wort folgen würde. Es war ein Nein ohne Widerruf. Lécrivain war nicht in Casablanca gelandet; er war nirgends gelandet und würde auch nirgends mehr landen. –

An jenem Morgen meines ersten Fluges machte ich diese unfeierliche Weihe durch wie alle anderen. Mir fehlte dabei das rechte Selbstvertrauen, wenn ich so durch die Scheiben hinaussah, wie sich die Straßenlampen auf nassem Asphalt spiegelten und auf den Pfützen kleine Wellen vom Winde hingejagt wurden. Ich sagte mir: „Für deinen ersten Postflug hast du wahrhaftig kein Glück!" Ich wandte mich an den Inspektor: „Schlechtes Wetter, was?" Er sah mechanisch zum Fenster hinaus und knurrte nach einer Weile: „Danach kann man nicht gehen." Und ich grübelte darüber nach, wonach man eigentlich gehen müßte, um schlechtes Wetter zu erkennen. Am Abend zuvor hatte Guillaumet mit einem Lächeln alles Geunke der Alten beiseite gewischt. Nun kam mir das ganze Gerede wieder, mit dem sie uns duckten: „Wenn einer nicht jeden Kieselstein auf der Strecke kennt und er gerät in einen Schneesturm, dann kann er mir leid tun. Ja, ja, dann kann er mir leid tun!“ Natürlich, sie mußten ihr Ansehen wahren und sahen uns mit einem leichten Kopfschütteln und einer besonderen, etwas peinlichen Art von Mitleid an, als ob unsere kindliche Einfalt sie erbarmte.

Wie vielen von uns hatte dieser Autobus das letzte feste Dach geboten? Sechzig, achtzig? Alle hatte derselbe schweigsame Fahrer an einem trüben Morgen gefahren. Ich sah mich um. Wie kleine Glühwürmchen standen die Zigaretten in der Dunkelheit. Hinter jeder zogen unbedeutende Gedanken durch eine angegraute Beamtenstirn. Wie vielen von uns hatten diese Leute das letzte Geleit gegeben?

Ich erhaschte einige Bruchstücke von den Gesprächen, die leise geführt wurden. Da ging es um Krankheiten, Geldsorgen und allerlei häusliche Nöte. Jedes Wort ließ die kalte Gefängnismauer ahnen, hinter der diese Leute sich selbst eingeschlossen hatten.

Mir war, als sähe ich das Antlitz des Schicksals plötzlich vor mir.

Du alte Beamtenseele, Kamerad an meiner Seite! Nie hat dir jemand den Weg ins Freie gezeigt, und du kannst nichts dafür. Du hast dir deinen Frieden gezimmert, indem du wie die Termiten alle Luken verschlossen hast, durch die das Licht zu dir drang und durch die du zum Licht schautest. Du hast dich eingerollt in bürgerliche Sicherheit, in Gepflogenheiten, in die erstickenden Bräuche deines Provinzlebens. Du hast dies bescheidene Bollwerk aufgerichtet gegen Sturm und Flut und Gestirne. Du willst dich nicht mit großen Fragen belasten; du hattest genug zu tun, dein Menschentum zu vergessen. Du fühlst dich nicht als Bewohner eines Sterns, der durch den Weltraum irrt, du stellst keine Fragen, auf die du keine Antwort bekommst; nein, du bist ein braver kleiner Bürger von Toulouse. Als es noch Zeit war, hat keiner dich mitzureißen versucht; nun ist der Lehm, aus dem du gemacht bist, eingetrocknet und hart, das verborgene göttliche Spiel in dir wird nie zum Klingen erwachen: tot ist der Dichter, der Musiker, der Sternenforscher, die vielleicht auch in dir einst gewohnt haben.

Nein, ich will mich über den peitschenden Regen nicht beklagen. Der Zauber meines Berufes erschließt mir eine Welt, in der ich schon in zwei Stunden die schwarzen Drachen bekämpfen und gegen die Berge anrennen darf, die blaue Blitze umwallen, wo ich, wenn die Nacht gekommen ist, frei bin und meinen Weg in den Sternen lese.

So verlief unsere Berufsweihe, und dann stiegen wir auf. Die meisten Flüge hatten keine

Geschichte. Friedlich versenkten wir uns in die Tiefen unseres Reiches, wie die Berufstaucher ruhig ins Meer hinabsteigen. Heute ist ja alles gut erschlossen. Flugzeugführer, Mechaniker und Funker versuchen keine Abenteuer mehr, sondern verschließen sich in ein förmliches Laboratorium. Sie gehorchen dem Spiel ihrer Instrumente, nicht mehr dem Lauf der Landschaft. Gewiß lauern auch heute noch draußen Berge in der Dunkelheit. Aber es sind keine Berge mehr, es sind unsichtbare Kräfte, deren Nahen man errechnen muß. Der Funker schreibt brav im Schein seines Lämpchens Zahlen auf, der Mechaniker steckt die Ergebnisse auf der Karte ab und der Flieger gleicht den Kurs aus. Denn die Peilungen verraten, wenn die Berge nicht dort sind, wo er sie vermutete, wenn der Gipfel, den er links liegenlassen wollte, sich heimlich und leise vor ihm aufbaut wie ein gutgetarnter feindlicher Aufmarsch.

Die Funkstationen, die auf der festen Erde wachen, buchen alle ebenso treu zur gleichen Sekunde den gleichen Funkspruch: „0 24, Kurs auf Strich 230. An Bord alles in Ordnung."

So reist die Besatzung heute. Sie merkt nicht, daß sie fliegt. Weit ist sie von jeder Steuermarke wie ein Schiff nachts aufhoher See. Und doch: die Motoren füllen dies helle Zimmer mit einem Zittern, das alle Dinge bis ins tiefste umgestaltet; ein unsichtbares Zauberwesen wirkt in den Zifferblättern, den Funkröhren, den Instrumenten. Von Sekunde zu Sekunde erneuern kleine Gebärden, halberstickte Worte, ununterbrochene Aufmerksamkeit das Wunder. Und wenn die Stunde gekommen ist, kann der Flugzeugführer mit vertrauensvoller Sicherheit seine Stirn an die Scheiben legen, um hinauszusehen. Gold ist aus dem Nichts geboren und strahlt in den Feuern des Flughafens.

Aber wir alle haben noch jene Flüge gekannt, in denen man sich plötzlich, nur zwei Stunden vom Flugplatz entfernt, durch irgend etwas beunruhigt, so unsagbar einsam fühlte, daß man mitten in Indien nicht verlassener sein konnte; jede Hoffnung auf Rückkehr schien geschwunden.

So kam einst Mermoz auf seinem ersten Flug im Wasserflugzeug über den Südatlantik gegen Abendgrauen in die Gegend des „Schwarzen Topfes“. Da sah er, wie sich die langen Schwänze der Windhosen vor ihm immer enger zusammenschlossen, als ob eine Mauer gefügt würde. Und auf diese angenehme Vorbereitung legte sich die Nacht, so daß er nichts mehr sah. Als er eine Stunde später unter diese Wolke kam, geriet er in ein sinnenbetörendes Zauberreich.

Da standen die Wasserhosen dicht beieinander und scheinbar unbeweglich wie die schwarzen

Säulen eines Domes. Auf ihren ausladenden Kapitellen trugen sie das düstere, niedrig lastende Gewölbe des Sturmes. Aber Lichtfelder brachen durch die Lücken dieser dunklen Himmelsdecke, und zwischen den grausigen Pfeilern schien der Mond auf die kalten Fliesen des Meeres hinab. Vier Stunden lang flog Mermoz seinen Weg durch diese unbewohnten Ruinen. Er kreuzte von Lichtfleck zu Lichtfleck, er umflog die Riesensäulen, in denen das Meer seine tobende Himmelfahrt feierte, er folgte den hellen Streifen, in denen das Mondlicht in den Tempel einbrach, bis er das Tempeltor erreichte. Und so gewaltig war der Anblick, daß Mermoz, als er endlich den Schwarzen Topf hinter sich ließ, mit Staunen bemerkte, daß er gar nicht dazu gekommen war, Angst zu haben.

Auch ich erinnere mich an eine der Stunden, in denen man die Grenzen der wirklichen Welt überschreitet. Eines Nachts hatten uns die Peilungen, die uns von den Flugplätzen um die Sahara zukamen, ständig irregeleitet. Wir hatten uns weit verflogen, der Funker Néri und ich, bis ich plötzlich durch einen Riß im Nebel tief unten Wasser leuchten sah. Natürlich wendete ich hastig in der Richtung auf die Küste. Aber wir konnten nicht wissen, wie lange wir schon meerein geflogen waren. Wir mußten damit rechnen, die Küste nicht mehr zu erreichen, da der Treibstoff dem Ende zuging. Und wenn wir schon bis zur Küste kamen, mußten wir noch den Flughafen ansteuern. Nun rüstete sich aber der Mond zum Untergehen; ohne Peilungen waren wir schon taub, nun sollten wir auch noch blind werden. Es wurde immer dunkler, und schließlich war der Mond wie eine mattglühende Kohle in einer Nebelwand erloschen, die wie ein Schneeball wirkte. Auch über uns bedeckten Wolken den Himmel, und so zogen wir zwischen den Wolken und dem Nebel hin in einer lichtlosen, ja geradezu körperlosen Welt.

Die Flughäfen, von denen wir Antwort erhielten, gaben es auf, uns über unsere Stellung zu unterrichten. „Keine Ortsbestimmung möglich. – Keine Ortsbestimmung möglich." Denn unsere Stimme kam zu ihnen von überall und nirgendwo.

Plötzlich, als wir schon alle Hoffnung aufgeben wollten, erschien links vorn im Blickfeld ein leuchtender Punkt. Ich fühlte, wie mich die Freude durchbrauste; Néri beugte sich zu mir herüber, und ich hörte, daß er sang! Es konnte ja nur der Flughafen mit seinen Leuchtbaken sein. Die Sahara zeigt nämlich nachts kein einziges Licht und ist ein riesenhaftes totes Gebiet. Da aber zuckte das Licht ein wenig und erlosch gleich darauf. Wir hatten einen Stern angesteuert, der kurz vor dem Untergehen für einige Minuten am Blickrande zwischen den Wolken und der Nebelschicht sichtbar wurde. Nun aber sahen wir andere Lichter und steuerten sie in dumpfer Hoffnung eins nach dem anderen an. Wenn einmal eines nicht beim Nahen entschwand, machten wir den Versuch, der über unser Leben entscheiden konnte: „Wir sehen Leuchtfeuer", meldete Néri dem Flughafen Cisneros und befahl: „Löscht euer Leuchtfeuer dreimal hintereinander!" Dreimal löschte Cisneros sein Feuer und zündete es dreimal wieder an. Das einsame Licht aber, das wir scharf beobachteten, zwinkerte nicht einmal; es blieb ein menschenunzugänglicher Stern.

Wenn auch der Betriebsstoff zu Ende ging, wir schnappten doch jedesmal nach dem leuchtenden Köder. Jedesmal schien es das unverkennbare Licht eines Leuchtfeuers, jedesmal sahen wir zweifellos den Flughafen und das Leben – und jedesmal mußten wir den Stern wechseln.

Wir fühlten uns verloren im Raum zwischen den Welten, unter lauter unerreichbaren Planeten, auf der Suche nach dem einzigen wahren Stern, nach dem einen, der unsere vertrauten Gegenden beherbergt, freundliche Häuser und alles, woran unser Herz hing.

Der einzige wahre Stern, der eine, der … Ich will euch von dem Bilde berichten, das mir erschien und das ihr vielleicht kindisch finden werdet. Aber man bleibt sehr menschlich, auch inmitten der Gefahr.

Und ich hatte Durst, und ich hatte Hunger. Wenn wir Cisneros fänden, dann wollten wir gleich weiterfliegen, sobald wir frisch getankt hatten. In Casablanca wollten wir im kühlen Morgengrauen landen – Feierabend! Néri und ich wollten dann in die Stadt gehen; da findet man schon so kleine Wirtschaften, die beim ersten Tageslicht aufmachen. Wir wollten uns dann an einen Tisch setzen und in aller Sicherheit über die vergangene Nacht lachen, vor uns frisches Weißbrot und warmen Milchkaffee. Wir würden dieses morgenfrische Geschenk des Lebens in vollen Zügen genießen.

Die alte Bäuerin kann ihren Gott nur durch ein gemaltes Bildnis, eine kindliche Schaumünze, einen Rosenkranz erreichen. Genau so sammelte sich alle Lebensfreude für mich in dem ersten Schluck des duftenden und warmen Getränkes, gemischt aus Kaffee, Milch und Korn, durch den man mit friedlichen Weiden, überseeischen Pflanzungen und heimischen Ernten, kurz mit der ganzen Welt in Verbindung kam. Unter allen Sternen gab es nur einen, der diese duftende Schale des morgendlichen Mahles in Reichweite für uns bereithielt.

Aber unüberwindbare Fernen türmten sich zwischen unserem Raumschiff und der bewohnten Erde. Alle Reichtümer der Welt wohnten in einem Sandkorn, das unter den Gestirnen verloren schien. Néri, der Sternforscher, suchte es zu erkennen und beschwor die Sterne.

Plötzlich fiel seine Faust schwer auf meine Schulter. Auf dem Zettel, den dieses Zeichen ankündigte, las ich: „Alles macht sich. Empfange eine prächtige Meldung." Mit klopfendem Herzen wartete ich ab, bis er die fünf oder sechs Worte umgeschrieben hatte, die uns retteten. Und endlich hielt ich das Geschenk des Himmels vor mir.

Der Funkspruch war gegeben zu Casablanca, von wo wir am Abend vorher abgeflogen waren. Seine Weitergabe hatte sich verzögert, so daß er uns nun, 2000 Kilometer weiter, erreichte, zwischen Wolken und Nebel, verloren über dem Weltmeere. Er kam von der Flughafenpolizei in Casablanca und ich las: „Herr de Saint-Exupéry. Sehe mich genötigt, Strafmaßnahmen in Paris gegen Sie zu beantragen. Sie haben bei Ihrem Abflug von Casablanca zu nahe am Flugzeugschuppen gewendet." Natürlich hatte ich das getan, und natürlich tat der Mann nur seine Pflicht, wenn er sich aufregte. In der Dienststube des Flughafens hätte ich den Verweis auch mit Demut eingesteckt. Aber hier suchte er uns, wo er uns nicht zu suchen hatte, mitten unter den wenigen zerstreuten Sternen in diesem Nebelnest, im drohenden Bannkreise des Meeres. Wir trugen in unseren Händen unser eigenes Los, das der Post und des Flugzeuges. Mühsam steuerten wir um Tod und Leben. Und dieser Mensch ließ seinen kleinlichen Haß an uns aus. Aber statt uns zu ärgern, fühlten wir beide, Néri und ich, eine Welle jubelnder Heiterkeit: hier waren wir ja Herren, und er zeigte es uns. Hatte dieser Korporal nicht an unseren Aufschlägen gesehen, daß wir Hauptleute waren? Was störte er unsere Träume, wo wir doch zwischen dem Großen Bären und dem Sternbild des Schützen pendelten, wo die einzige Frage, die an uns überhaupt herankam und uns beschäftigen konnte, die war, daß uns der Mond verraten hatte?

Die dringendste Pflicht, die einzige Pflicht des Planeten, von dem dieser Mann sich äußerte, war doch, uns Zahlen für unsere Berechnungen im Weltenraum zu liefern. Sonst hatte er vorläufig den Mund zu halten. Und Néri schrieb mir: „Statt sich mit solchem Quatsch abzugeben, könnten sie uns lieber den Weg zeigen." „Sie", das waren für ihn alle Völker des Erdenrunds mit ihren Ober- und Unterhäusern, Kriegsflotten und Landheeren und allen ihren Fürsten. Nochmals lasen wir diese Botschaft eines Verrückten, der meinte, uns erreichen zu können, und richteten unseren Kurs auf den Merkur.

Der merkwürdigste Zufall rettete uns. Der Augenblick war gekommen, wo ich die Hoffnung aufgab, Cisneros zu erreichen. Ich nahm den Kurs senkrecht auf die Küste und beschloß, diesen beizubehalten, bis der Brennstoff ausging. So behielt ich wenigstens eine kleine Aussicht, nicht auf See niedergehen zu müssen. Leider befand ich mich Gott weiß wo, da ich den trügerischen Lichtern gefolgt war, und leider ließ uns der dichte Nebel, in den wir auch im günstigsten Falle in dunkler Nacht hinabsanken, wenig Hoffnung, ohne Bruch zu landen. Aber mir blieb keine andere Wahl.

Die Lage war so eindeutig, daß ich trübe mit den Achseln zuckte, als mir Néri eine Botschaft zusteckte, die unsere Rettung bedeutet hätte, wenn sie nur eine Stunde früher gekommen wäre: „Cisneros will uns auspeilen. Cisneros meldet 216.“ So war Cisneros nicht mehr in Nacht versunken, es zeigte sich greifbar zu unserer Linken. Aber wie weit? Néri und ich wechselten einige Worte. Es war zu spät, darüber waren wir uns einig. Wenn wir Cisneros ansteuerten, sank die Wahrscheinlichkeit, daß wir die Küste erreichten. Néri funkte deshalb zurück: „Da nur noch für eine Stunde Betriebsstoff, halten wir Kurs auf Strich 93."

Inzwischen erwachten die Flughäfen einer um den anderen. In unsere Zwiesprache mit Cisneros mischten sich die Stimmen von Agadir, Casablanca, Dakar. Die Sendestationen aller dieser Städte hatten die Flughäfen alarmiert. Deren Vorstände hatten wiederum die Kameraden wachgetrommelt. Allmählich versammelten sich diese Funkstimmen um uns wie um ein Krankenbett. Gewiß, es war verlorene Liebesmüh. Aber es tat doch wohl. Die Ratschläge nützten nichts, aber sie waren alle gut gemeint.

Plötzlich meldete sich Toulouse, der Endpunkt der Strecke, dort drüben, hinter viertausend Kilometern. Es gesellte sich mit einem Schlage zu uns und begann ohne Umschweife: „Fliegen Sie die Maschine F (und da folgte die Nummer)?" – Wir: „Ja.". – Toulouse: „Dann haben Sie noch für zwei Stunden Betriebsstoff. Ihr Tank ist kein Normtank. Fliegen Sie Cisneros an!"

So bereichern und verwandeln die Notwendigkeiten eines Berufes die Welt. Ein Verkehrsflieger braucht nicht einmal eine solche Nacht, um neuen Sinn im alten Schauspiel zu entdecken. Die eintönige Landschaft, die den Fluggast ermüdet, spricht zu der Besatzung des Flugzeuges auf vielfältige Weise. Die wolkige Masse, die in der Ferne die Blickgrenze abschließt, bedeutet für den Flieger nicht mehr nur eine schöne Kulisse. Er weiß ja, daß er bald mit Muskelkraft und Geisteskraft gegen sie zu ringen hat. Schon jetzt setzt er sie in seine Rechnung ein. Er mißt sie. Er ist ihr in einer wirklichen Zwiesprache verbunden. Dort ragt, noch in weitem Abstand, ein Berggipfel. Wie wird er sich heute zeigen? Scheint der Mond, dann ist er als Steuermarke willkommen. Aber wenn man blind fliegen muß und die Kursabweichungen nur mit Mühe ausgleicht und nie ganz sicher ist, wo man sich befindet, dann wird der Gipfel plötzlich zum Sprengkörper, der das ganze nächtliche Luftmeer mit seiner drohenden Nähe vergällt, so wie eine einzige Mine, die unter der Wasseroberfläche nach Laune der Strömung umhertreibt, das ganze Meer vergiftet.

Auch die Meere sind so unsagbar verschieden. Der Fluggast kann freilich den Sturm nicht sehen; denn aus solcher Höhe erscheinen die Wellen eingeebnet und die Schaumkronen unbeweglich. Nur weiße Palmen entfalten unter der Sturmböe ihre gerippelten und geränderten Fächer, die wie gefroren wirken. Die Besatzung aber weiß, daß an solchen Stellen jedes Niedergehen verboten ist. Für sie gleichen die Palmwedel den riesigen Blüten giftiger Tropenblumen.

Selbst bei ruhigstem Wetter erlebt der Verkehrsflieger, der irgendwo seinen Streckenabschnitt befliegt, kein gewöhnliches Schauspiel. Die Farben von Erde und Himmel, die Spuren des Windes auf dem Meere, die Wolken, die das Abendrot vergoldet, das alles sind für ihn nicht Gegenstände der Bewunderung, sondern des Nachdenkens. Der Bauer, der über sein Land hinschreitet, spürt aus tausend Anzeichen den Anmarsch des Frühlings, die Drohung des Spätfrostes und die Verheißung des Regens. Der Berufsflieger erkennt ebenso die Zeichen des Schnees, die Zeichen des Nebels, die Zeichen einer friedlichen Nacht. Die Maschine scheint uns von der Natur zu entfernen. Und gerade sie unterwirft uns mit ganz besonderer Strenge den ewigen Naturgesetzen. Mutterseelenallein vor dem gewaltigen Gerichtshof, den ein stürmischer Himmel eingesetzt hat, verteidigt der Flieger seine Post gegen drei Naturgottheiten: Berg, Meer und Sturm.

Die Kameraden

I

Einige Kameraden, unter ihnen Mermoz, errichteten die französische Fluglinie von Casablanca nach Dakar über die ununterworfene Sahara. Die damaligen Motoren waren dieser Beanspruchung nicht gewachsen, und eine Motorstörung lieferte Mermoz in die Hände der Mauretanier. Entgegen ihrer sonstigen Gewohnheit brachten sie ihn nicht auf der Stelle um, sondern hielten ihn gefangen und gaben ihn nach vierzehn Tagen gegen Lösegeld frei. Mermoz aber nahm seine Flüge über dasselbe Gebiet wieder auf.

Als man die Südamerikalinie eröffnete, war Mermoz wieder einer der ersten. Er erhielt den Auftrag, den Flugabschnitt Buenos-Aires–Santiago zu bearbeiten. Nach der Brücke über die Sahara schlug er die Brücke über die Anden. Man gab ihm ein Flugzeug mit nur 5200 Meter Gipfelhöhe. Aber die Kämme der Kordilleren ragen 7000 Meter hoch. Mermoz flog los, um Durchschlüpfe zu finden. Nach dem Sande bot er dem Gebirge die Stirn, er trotzte den Bergen, die im Winde ihre Schneeschärpe flattern lassen, er fürchtete sich auch nicht vor dem unheildrohenden Schwund der Farben vor dem Sturme, er stellte sich den

Wirbeln, die so hart stoßen, daß sie den Flieger zum Kampf bis aufs Messer nötigen, wenn sie ihn zwischen zwei Steinwänden packen. Mermoz nahm diesen Kampf auf, ohne den Feind zu kennen, ohne zu ahnen, ob man aus solchem Ringen lebend wieder hinauskommen könne. Er „versuchte“ es für die anderen. Eines Tages hatte er etwas zuviel „versucht“ und sah sich in den Anden gefangen.

Er war in 4000 Meter Höhe auf einer Felsenplatte notgelandet, die ringsum senkrecht abfiel, und versuchte zwei Tage lang vergeblich, mit seinem Monteur zusammen zu entfliehen. Sie saßen fest. Da spielten sie ihre letzte Karte aus und ließen das Flugzeug gegen den Abgrund anrollen. Hart sprang es über den unebenen Boden bis zur Felswand und stürzte in die Tiefe. Aber in diesem Sturz bekam es endlich die nötige Geschwindigkeit, um dem Steuer wieder zu gehorchen. Mermoz fing es gegenüber einem Felsgrat ab, hatte Motorschaden nach kaum sieben Minuten Flug, da das Wasser aus dem ganzen Röhrenwerk der Kühlung, das die Fröste oben zerstört hatten, auslief – aber unten sah er die Ebene von Chile wie ein gelobtes Land.

Am nächsten Tage flog er bereits wieder.

Als die Anden erschlossen und die Technik der Überquerung gut entwickelt waren, überließ Mermoz diesen Abschnitt seinem Kameraden Guillaumet und unternahm es, die Nacht zu erforschen.

Die Flughäfen waren damals noch kaum beleuchtet. Auf dem Landefeld stellte man in schwarzer Nacht für ihn drei Karbidfeuer in eine Reihe, bei deren magerem Licht er landen mußte. Er schaffte es, und man konnte die Nachtlinie eröffnen.

Als er die Nacht gebändigt hatte, versuchte Mermoz den Ozean. Seit 1931 wurde die Post erstmalig in vier Tagen von Toulouse nach Buenos-Aires geflogen. Auf dem Rückflug hatte er eine Ölpanne mitten über dem Südatlantik auf wildbewegter See. Ein Schiff rettete ihn, seine Post und seinen Apparat.

So erschloß Mermoz Wüste, Gebirge, Nacht und Meer. Mehr als einmal litt er dabei Schiffbruch, aber er kam stets zurück, um stets erneut aufzusteigen.

Schließlich, nach zwölf Jahren Arbeit, als er wieder einmal den Südatlantik überflog, meldete er ganz kurz, daß der rechte hintere Motor aussetze. Und dann kam nichts mehr.

Die Nachricht schien nicht beunruhigend, und doch begannen alle Funkstationen an der Strecke zwischen Paris und Buenos-Aires ihr Suchen in banger Sorge. Im Alltag bedeuten zehn Minuten Verspätung nicht viel. Aber im Postflugverkehr bekommen sie folgenschweren Sinn. Ein unbekanntes Geschehen verbirgt sich im Herzen dieser stummen Zeitspanne. Ob es nun bedeutungslos oder unheilvoll ist: etwas ist geschehen. Das Schicksal hat gesprochen und gegen sein Urteil gibt es keine Berufung. Eine eiserne Hand hat das Flugzeug zu einem harmlosen Niedergehen auf dem Wasser oder zur Vernichtung gelenkt. Das Urteil ist gefällt; aber noch wird es der wartenden Menge vorenthalten.

Wir alle haben erlebt, wie die Hoffnung immer mehr schwand und das Schweigen von Minute zu Minute immer drohender wuchs wie eine tödliche Krankheit. Wir hofften und hofften, und dann waren Stunden vergangen und es war langsam zu spät geworden. Dann hieß es sich klarmachen, daß unsere Kameraden nie wiederkamen, daß sie im Südatlantik ruhten, dessen Himmel sie so oft durchpflügt hatten. Mermoz war hinter seiner Arbeit zur Ruhe gegangen, wie der Erntearbeiter sich in den Schatten der Garben ausstreckt, die er so treulich gebunden hat.

Wenn ein Kamerad so stirbt, erscheint uns sein Tod wie ein Vorgang, der im Wesen unseres Berufes liegt. Im ersten Augenblick schmerzt der

Verlust sogar weniger als mancher andere. Er ist gewiß nicht mehr bei uns, weil er an seinen letzten Flughafen versetzt wurde. Noch entbehren wir seine Abwesenheit nicht so bitter, wie uns das tägliche Brot fehlen würde.

Wir sind ja daran gewöhnt, lange auf ein Wiedersehen zu warten. Denn die Kameraden der einen Strecke von Paris nach Santiago in Chile sind in die weite Welt verteilt wie Schildwachen, die nicht miteinander sprechen können. Da muß der Zufall der Flugreisen spielen, um hier oder dort die zerstreuten Mitglieder der großen Berufsfamilie zu vereinigen. Nach Jahren des Stillschweigens nimmt man längst unterbrochene Gespräche auf und knüpft alte Erinnerungen wieder an.

Für einen kurzen Abend sitzt man um einen Tisch in Casablanca, in Dakar, in Buenos-Aires. Und dann geht es wieder weiter. Auf diese Weise ist die Welt leer und reich zugleich. Wir besitzen manche heimlichen Gärten, die man in ihrer tiefen Verborgenheit nur schwer findet, zu denen uns aber unser Beruf doch immer wieder einmal führt. Das Leben trennt uns oft von den Kameraden, es hindert uns sogar, viel an sie zu denken. Aber sie sind da, wenn man auch nicht recht weiß wo. Sie lassen nichts von sich hören, und wir denken kaum an sie, und doch sind sie so treu! Wenn sich dann die Wege kreuzen, packen sie uns bei den Schultern und schütteln uns leuchtenden Auges die Hand.

Jawohl, wir verstehen zu warten.

Aber langsam kommt einem doch zum Bewußtsein, daß wir das helle Lachen von dem einen nie wieder hören werden, daß uns dieser heimliche Garten für immer verschlossen ist. Dann erst beginnt die wahre Trauer, nicht herzzerreißend, aber bitter.

Nichts kann den verlorenen Gefährten je ersetzen. Alte Kameraden kann man sich nicht künstlich schaffen. Nichts wiegt den Schatz so vieler gemeinsamer Erinnerungen auf, nichts das gemeinsame Erlebnis so vieler böser Stunden, die Zerwürfnisse, die Versöhnungen und die Augenblicke, in denen das Herz warm wurde. Solche Freundschaften lassen sich nicht ersetzen. Wenn man eine Eiche pflanzt, darf man nicht die Hoffnung hegen, nächstens in ihrem Schatten zu ruhen.

So geht das Leben. Wir haben uns Schätze erworben, wir haben jahrelang gepflanzt. Aber dann sind Zeiten gekommen, in denen böses Wetter die Arbeit vernichtet und die Wälder gelichtet hat. Einer um den andern sind die großen Bäume gestürzt, einer um den andern haben uns die Kameraden verlassen. Und in unsere Trauer mischt sich leise der Kummer, daß das Altern beginnt.

Die Größe eines Berufes besteht vielleicht vor allem anderen darin, daß er Menschen zusammenbringt. Es gibt nur eine wahrhafte Freude: den Umgang mit Menschen. Das haben uns Mermoz und andere gelehrt. Wenn wir nur für Geld und Gewinn arbeiten, bauen wir uns ein Gefängnis und schließen uns wie Klausner ein. Geld ist nur Schlacke und kann nichts schaffen, was das Leben lebenswert macht.

Sollte ich unter meinen Erinnerungen die namhaft machen, die ihren kräftigen Geschmack behalten haben, sollte ich die Summe der Stunden ziehen, die in meinem Leben zählen, so finde ich gewiß nur solche, die mir kein Vermögen der Welt je verschafft hätte. Die Freundschaft eines Mermoz ist nicht käuflich, man erhandelt keinen Mitkämpfer, an den einen gemeinsam bestandene Prüfungen für immer binden. Der Nachtflug mit seinen hunderttausend Sternen, die lichte Heiterkeit, das Herrengefühl für einige Stunden, lassen sich für Geld nicht kaufen.

Das Wiedererleben der Erde nach einem schweren Flug, die Bäume, die Blumen, die Frauen, deren Lächeln wie neugefärbt ist durch das Leben, das uns mit dem Morgen neu geschenkt wurde, dieses Allerlei von kleinen Dingen, die unser Lohn sind, auch sie lassen sich nicht für Geld erwerben.

Um keinen Preis der Welt möchte ich auch die Nacht im Aufstandsgebiet in Spanisch-Marokko missen, an die ich gerade denken muß.

Drei Besatzungen der Aéropostale waren wir, alle drei im Abenddämmern an der Küste von Rio de Oro notgelandet. Kamerad Riguelle hatte sich als erster wegen Bruchs einer Pleuelstange niedergelassen. Ein anderer, Bourgat, war gelandet, um Riguelle und die Seinen aufzunehmen, aber ein an sich belangloser Schaden hatte auch ihn an den Boden genagelt. Schließlich landete ich, aber da sank schon die Nacht. Wir beschlossen, Bourgats Maschine zu bergen und den Tag abzuwarten, um die Ausbesserung gut auszuführen.

Ein Jahr zuvor mußten unsere Kameraden Gourp und Erable genau an der gleichen Stelle notlanden und wurden von den Aufständischen ermordet. Wir wußten, daß auch heute eine Schar von dreihundert bewaffneten Aufständischen irgendwo bei Bojador lagerte. Vielleicht hatten die drei aufeinanderfolgenden Landungen, die weit sichtbar waren, diese Truppe aufmerksam gemacht. Wir begannen eine Nachtwache, die leicht unsere letzte sein konnte.

Wir richteten uns für die Nacht ein. Aus den Laderäumen holten wir fünf oder sechs Warenkisten, leerten sie und zündeten in der Höhlung einer jeden wie in einem Schilderhäuschen eine ärmliche Kerze an, die dort notdürftig vor dem Wind geschützt war. So bauten wir uns mitten in der Wüste auf der nackten Rinde unseres Planeten, in einer Einsamkeit wie zur Stunde der Schöpfung, ein Menschendorf.

Und wir warteten auf dem Hauptplatz unseres Dorfes, auf dem Stückchen Sand, auf das unsere Kisten ihr zitterndes Licht warfen. Wir warteten auf das rettende Frührot oder auf die Mauretanier. Und bis heute weiß ich nicht, was dieser Nacht eine solche Weihnachtsstimmung gab. Wir erzählten einander alte Geschichten, wir neckten uns, und wir sangen.

Wir genossen dieselbe leicht gehobene Stimmung wie mitten in einem wohlvorbereiteten Feste. Dabei waren wir unendlich arm. Wir besaßen nur Wind, Sand und Sterne. Das wäre selbst für Trappisten ein wenig zu hart gewesen. Und doch teilten auf dieser schlecht beleuchteten Fläche sieben Menschen, die nichts besaßen als ihre Erinnerungen, unsichtbare Schätze untereinander aus.

In dieser Stunde fanden wir uns. Man geht so lange Zeit nebeneinander her, jeder in seinem

Schweigen befangen, oder man wechselt Worte, denen man nichts mitgibt. Da kommt die Stunde der Gefahr, man sucht Schulterfühlung und entdeckt, daß man zusammengehört. Diese Entdeckung anderer bewußter Wesenheiten weitet den Menschen. Man sieht sich an mit lächelndem Verstehen. Es ist einem zumute wie dem befreiten Gefangenen, der staunend die Unendlichkeit des Meeres erkennt.

II

Guillaumet, jetzt muß ich einige Worte über dich sagen! Aber ich will dich nicht bedrücken, indem ich lange bei deinem Mut und bei deiner Berufstüchtigkeit verweile. Ich will etwas ganz anderes veranschaulichen, will von deinem schönsten Abenteuer erzählen.

Es gibt eine Eigenschaft, die noch keinen Namen hat. Manchmal nennt man sie „Besonnenheit", aber das Wort ist ungenügend. Denn die Eigenschaft, wie ich sie meine, kann mit strahlender Fröhlichkeit zusammengehen. Es ist die Eigenschaft des Zimmermanns, der sich seinem Stück Holz gewissermaßen Mann gegen Mann stellt, der es betastet und abschätzt und ernst nimmt, um all seine Eignung in den Dienst des Werkes zu zwingen.

Ich bekam einmal einen Bericht deines Abenteuers zu lesen und habe mit dieser irreführenden Schilderung ein Hühnchen zu rupfen. Da sah man dich mit Gassenjungenwitzen um sich werfen, als ob Mut darin bestünde, sich im Angesicht größter Gefahren oder gar des Todes zu Schülerspäßen zu erniedrigen. Die Leute haben dich nicht gekannt, lieber Guillaumet, du hast nicht nötig, deine Gegner vor dem Kampf zu verhöhnen. Wenn du auf ein schweres Unwetter triffst, dann sagst du: „Das ist ein schweres Unwetter!" Als solches schätzst du es ein und als solches nimmst du es hin.

Ich bringe dir hier das Zeugnis meiner Erinnerungen. Seit fünfzig Stunden war Guillaumet überfällig. Es war Winter, und er hatte seinen Flug über die Anden angetreten. Ich kam gerade aus dem hintersten Patagonien zurück und traf den Flieger Deley in Mendoza. Wir beide durchsuchten fünf Tage lang im Flugzeug das Berggewirr, ohne etwas zu finden. Unsere zwei Flugzeuge reichten nicht aus. Es kam uns so vor, als würden hundert Geschwader in hundert Jahren die gewaltige Gebirgsmasse nicht zu Ende erforschen, deren Gipfel bis in die 7000 Meter ragen. Wir gaben jede Hoffnung auf. Sogar die

Schmuggler, die Räuber, die dort für fünf Franken jedes Verbrechen wagen, lehnten es ab, sich als Rettungsgruppen auf die Vorberge zu wagen: „Wir setzen da nur unser Leben aufs Spiel“, erklärten sie, „im Winter geben die Anden keinen Menschen wieder heraus.“

Als Deley und ich in Santiago landeten, rieten uns die chilenischen Offiziere ihrerseits, die Suche lieber aufzugeben: „Es ist Winter. Ihr Kamerad hat die Nacht nicht überlebt, wenn er schon den Sturz überlebt hat. Die Nacht verwandelt jeden, über den sie kommt, in Eis.“

Als ich mich aufs neue zwischen die gewaltigen Mauern und Pfeiler der Anden verlor, da meinte ich weniger, Guillaumet zu suchen, als ihm im tiefen Schweigen eines Schneedoms die Totenwache zu halten.

Schließlich am siebenten Tage, als ich zwischen zwei Überfliegungen in einer Wirtschaft in Mendoza beim Essen saß, stieß ein Mann die Türe auf und rief nur zwei Worte: „Guillaumet lebt!“

Zehn Minuten später war ich in der Luft, nachdem ich zwei Monteure, Lefèvre und Abri, an Bord genommen hatte. Nach vierzig Minuten landete ich neben einer Straße, auf der ich, Gott weiß woran, den Wagen erkannt hatte, der Guillaumet auf San Raphael zuführte. War das ein Wiedersehen! Wir weinten alle, wir erdrückten ihn fast in unseren Armen. Und er lebte, er war auferstanden, er hatte sein eigenes Wunder gewirkt. Da sprach aus ihm, in dem ersten verständlichen Satz, den er herausbrachte, ein herrlicher Männerstolz: „Ich kann dir sagen: was ich getan habe, kein Tier hätte es fertiggebracht!“

Später hat er uns alles erzählt.

Ein Sturm, der in achtundvierzig Stunden den Osthang der Anden mit fünf Meter Schnee bedeckte und die ganze Front versperrte, hatte die Amerikaner der Pan-Air zum Umkehren gebracht. Guillaumet aber flog los und suchte ein Loch im Wolkenhimmel. Etwas nach Süden zu fand er es, stieg bis zu 6500 Metern und schwebte nun über den Wolken, die nicht über 5000 hoch waren. Nur die höchsten Gipfel ragten aus ihnen hervor, und Guillaumet nahm Kurs auf Argentinien.

Fallwinde bereiten dem Flieger oft höchst unbehagliche Augenblicke. Der Motor läuft volle Drehzahl, aber das Flugzeug sinkt. Der Führer nimmt die Spitze hoch, um zu steigen. Dadurch verliert das Flugzeug an Geschwindigkeit und Lenkbarkeit. Zu allem Überfluß sinkt es trotzdem weiter. Da legt er die Maschine wieder waagerecht, denn er muß fürchten, schon zu steil in der Luft zu hängen. Er weicht rechts oder links vom Kurse ab und sucht sich im Aufwind einer Felswand emportragen zu lassen, die wie ein Sprungbrett die Winde abfängt. Aber er sinkt immer noch. Das ganze Luftmeer scheint in rasender Bewegung nach unten, der Flieger wird in einer Art Weltuntergang mitgerissen. Es gibt keinen Ausweg. Vergeblich versucht er zu wenden, um weiter hinten die Gegenden wieder zu erreichen, wo ihn die Luft noch trug, fest und sicher wie eine Säule. Aber die Säule steht nicht mehr. Alles löst sich auf, und in diesem allgemeinen Zusammenbruch sinkt er auf die Wolke zu, die weich und träge ansteigt, ihn erreicht, ihn verschlingt.

„Ein paarmal hatte es mich schon früher beinahe erwischt“, erzählte Guillaumet, „aber ich war noch nicht klug geworden. Über den Wolken trifft man nämlich auf Fallwinde, die stetig scheinen, bloß weil sie sich in gleicher Höhe ständig neu bilden. Oh, im Hochgebirge ist alles verrückt!“

Ja, und die Wolken!

„Wie ich erst drinnen war, ließ ich das Steuer los und hielt mich krampfhaft am Sitz fest. Sonst wäre ich herausgeflogen. Die Stöße waren so hart, daß mir die Schultergurte ins Fleisch schnitten. Hätte ich mich nicht festgehalten, sie wären gerissen. Alle Scheiben waren sofort beschlagen, ich konnte nicht einmal die Geräte ablesen. Wie ein Hut wurde ich von 6000 auf 3500 gerollt.

Bei dreieinhalb sah ich eine schwarze Masse und konnte das Flugzeug abfangen, weil sie waagerecht war. Es war ein See und ich erkannte ihn: der Diamantsee, der in einem Felskessel liegt, dessen eine Wand, der Vulkan Maipu, bis 6900 Meter aufsteigt. Nun war ich ja die Wolke los, aber sehen konnte ich doch nichts vor dickem Schneetreiben.

Den See konnte ich nicht verlassen, ohne an einer der Wände des Kessels zu zerschellen. So flog ich über dem Teich meine Kreise in 30 Meter Höhe, bis mir der Treibstoff ausging. Nach zwei Stunden Zirkus landete ich und machte Bruch. Als ich ausstieg, warf mich der Sturm einfach um. Ich stand wieder auf. Er schmiß mich wieder um. Da blieb mir nichts übrig, als mich unter dem Rumpf zu bergen und mir einen Unterstand im Schnee zu bauen. Ich wickelte mich in Postsäcke ein und wartete zwei Tage.

Dann legte sich der Sturm, und ich zog los. Ich bin fünf Tage und vier Nächte gegangen."

Ja, was war dabei von unserem Guillaumet übriggeblieben? Wir hatten ihn wieder, aber er sah aus wie seine eigene Mumie, geschrumpelt wie ein altes Weib. Am gleichen Tag noch flog ich ihn nach Mendoza, wo er in ein weiches Bett gesteckt wurde. Aber es konnte ihm nicht gleich helfen. Zu stark rebellierte der zerschlagene Körper. Guillaumet wälzte sich unruhig hin und her und fand weder die rechte Lage, noch den Schlaf. Der Körper konnte die Felsen und den Schnee nicht vergessen; er war gezeichnet. Ich schaute in das schwarze, zerbeulte Gesicht, das einer überreifen, angefaulten Birne ähnlich sah. Er schien sehr häßlich und sehr, sehr elend. Die schönen Werkzeuge der Arbeit konnte er nicht gebrauchen: seine Hände waren steif, und wenn er sich auf den Rand seines Bettes setzte, um einmal frei atmen zu können, hingen seine erfrorenen Füße wie tot herunter.

Seine Wanderung war aber noch nicht zu Ende. Noch keuchte er weiter, und kaum hatte er den Kopf in die Kissen vergraben, um Frieden zu finden, da begann in seinem Geiste der Zug von Bildern. Sie waren nicht abzuschütteln, sie warteten ungeduldig darauf, ihre Walpurgisnacht zu beginnen. Zwanzigmal mußte er den Kampf gegen die Feinde neu aufnehmen, die aus der Asche auferstanden. Ich flößte ihm Mengen Tee ein: „Trink, Alter!" „Und weißt du ... das Sonderbarste ... war doch ..."

So erlebte er sein einzigartiges Abenteuer wieder, aus dem er als Sieger hervorgegangen war, freilich gezeichnet von den schweren Schlägen, die er in diesem Kampf hatte einstecken müssen. Stück für Stück redete er es sich von der Seele, und ich erlebte seinen Marsch noch in der gleichen Nacht mit, so wie er ihn berichtete. Ohne Pickel, ohne Seile, ohne Lebensmittel ging er immer weiter, er erstieg Höhen von 4500 Metern, oder er bahnte sich einen Weg an senkrecht abfallenden Wänden entlang; Blut lief aus Füßen, Knien und Händen bei 40 Grad Kälte. Immer mehr schwanden Blut und Kraft und Denken, aber weiter ging es mit dem besessenen Eigensinn der Ameisen. Er kehrte um, wenn er ein Hindernis umgehen mußte, er stand nach jedem Sturz wieder auf, und kletterte die Abhänge wieder hoch, die nur zum Abgrund führten. Er gönnte sich keine Ruhe, denn von dem Schneebett wäre er nie wieder aufgestanden. Tatsächlich, wenn er ausrutschte und hinfiel, mußte er sich schnell erheben, um nicht zu Fels zu werden. Die Kälte versteinerte ihn in wenigen Augenblicken. Wenn er sich nach einem Sturz nur eine Minute zu lang der Ruhe hingab, mußte er die abgestorbenen Muskeln mühsam in Tätigkeit versetzen, um überhaupt wieder hochzukommen.

Tapfer widerstand er allen Versuchungen. Er erzählte es so: „Im Schnee, weißt du, stirbt der Selbsterhaltungstrieb. Nach zwei, drei, vier Tagen Marsch willst du nur noch schlafen. Aber ich sagte mir: wenn meine Frau glaubt, daß ich lebe, dann glaubt sie, daß ich marschiere. Die Kameraden glauben auch, daß ich marschiere. Alle glauben an mich. Da wäre ich ein Schweinehund, wenn ich nicht marschierte." Und er marschierte weiter. Jeden Tag mußte er mit dem Taschenmesser den Einschnitt in den Schuhen etwas verlängern, damit die erfrorenen und geschwollenen Füße noch Platz fanden.

Er erzählte überraschende Einzelheiten: „Vom zweiten Tage an war meine schwerste Arbeit, mich selbst am Denken zu hindern. Ich litt zu sehr, und meine Lage war hoffnungslos. Wenn ich da den Mut zum Weitergehen behalten wollte, durfte ich nicht nachdenken. Aber leider konnte ich mein Gehirn nur schlecht drosseln. Es arbeitete wie eine Turbine. Aber wenigstens konnte ich ihm vorschreiben, was es sich vorzustellen hatte. Ich brachte es auf einen Film oder auf ein Buch. Dann aber lief der Film oder das Buch mit großer Geschwindigkeit in mir ab, und schließlich führte mich alles wieder auf meine Lage zurück. Da half nichts. Dann steuerte ich das Denken von neuem auf andere Erinnerungen hin ..."

Einmal freilich, als er ein größeres Stück auf dem Bauch durch den Schnee gerutscht war, gab er es auf. Es ging ihm wie dem Boxer, dem ein schwerer Schlag allen Kampfgeist ausgetrieben hat, so daß er die Sekunden eine nach der anderen wie in eine fremde Welt fallen hört bis zur zehnten, letzten, unwiderruflichen.

„Ich habe getan, was ich konnte, und es gibt doch keine Hoffnung mehr – wozu soll ich mich weiter schinden?“

Es genügt ja, die Augen zufallen zu lassen, um Frieden fürs Leben zu schließen, um die Felsen, das Eis und den Schnee aus der Welt zu schaffen. Kaum waren die wundertätigen Lider geschlossen, und schon gab es keine harten Stöße mehr, keine wilden Stürze, keine zerrissenen Muskeln, keinen brennenden Frost. Da brauchte man das Leben nicht weiter zu schleppen, das einem schwer wie ein Lastwagen anhängt, wenn man stumpfsinnig wie ein Ochse weiterschreitet. Schon fühlte Guillaumet das Gift der Kälte, das wie Morphium ein Gefühl der Beseligung verbreitete. Alles, was ihm an Lebenskraft blieb, sammelte sich am Herzen, etwas sehr Liebes und sehr Kostbares barg sich in der Mitte seines Körpers. Langsam verließ das Bewußtsein die Glieder, und allmählich wurde er aus einem bis an die Grenze des Möglichen leidenden Tiere zum empfindungslosen Stein.

Sogar das Gewissen sprach leiser. Unsere Rufe erreichten ihn nicht mehr; es wurden Traumrufe aus ihnen. Beseligt folgte er ihnen in einem Traummarsch mit langen, leichten Schritten ohne alle Mühe, wie man im Flachland geht. Spielend leicht ging es über die Welt hin, die plötzlich so freundlich für ihn war. Kamerad Guillaumet, da wolltest du uns deine Wiederkehr versagen! Aber aus den Hintergründen des Gewissens kam plötzlich die Reue. Klare Bilder mischten sich in den Traum: „Ich dachte an meine Frau. Die Lebensversicherung schützte sie vor Not. Die Lebensversicherung aber ...“

Ein Vermißter wird erst nach vier Jahren für tot erklärt! Dieser Satz verdrängte mit einschneidender Schärfe alle übrigen Bilder. Plötzlich wußte er wieder, daß er flach auf einem steilen Schneehang lag. Seine Leiche würde im Sommer mit dem schmelzenden Schnee in einer der vielen tausend Klüfte der Anden verschwinden. Aber er wußte auch, daß fünfzig Meter von ihm ein Fels aus dem Schnee aufragte.

„Da habe ich gedacht: Wenn ich aufstehe, komme ich vielleicht so weit, und dann hänge ich mich über den Stein, und im Sommer werde ich dann gefunden.“

Nachdem er aufgestanden war, ging er noch zwei Tage und drei Nächte.

Freilich glaubte er nicht weit zu kommen. „Mancherlei ließ mich das Ende ahnen. Ein Zeichen war, daß ich etwa alle zwei Stunden haltmachen mußte, um meine Schuhe etwas weiter aufzuschlitzen und meine anschwellenden Füße mit Schnee zu reiben, oder auch einfach um das Herz auszuruhen. Die letzten Tage verlor ich das Gedächtnis. Ich war jedesmal schon weit gegangen, ehe ich merkte, daß ich beim letzten Halt etwas hatte liegen gelassen. Das erste Mal war es ein Handschuh, und das war bei der Kälte schlimm! Ich hatte ihn vor mich hingelegt und war weitergegangen, ohne ihn aufzuheben. Dann war es die Uhr. Dann das Messer. Dann der Kompaß. Nach jeder Rast war ich ärmer. Nur eins rettet: ein Schritt – und noch ein Schritt. Immer wieder tut man denselben Schritt."

„Ich kann dir sagen: was ich getan habe, kein Tier hätte es fertiggebracht." An diesen Ausspruch mußte ich denken. Konnte man es großartiger ausdrücken? In diesem Satz war der Mensch in seine königliche Stellung gesetzt; die wahre Rangordnung der Natur war wiederhergestellt.

Endlich schlief Guillaumet ein, und das Bewußtsein rastete. Aber in diesem abgewrackten, zerknitterten und zerdörrten Körper wurde es gleich beim Erwachen wieder lebendig und mächtig. Da ist der Körper wirklich nur ein gutes Werkzeug, nur ein Diener. Den Stolz, ein solches Werkzeug zu sein, auch den konnte Guillaumet so schön aussprechen: „Wo ich nichts zu essen hatte, kannst du dir denken, daß mein Herz am dritten Marschtag nicht mehr sehr gut ging. Hänge ich da einmal über dem Nichts; denn es ging gerade an einem Steilabfall entlang, wo ich mir Löcher machen mußte, um mich mit den Händen daran zu klammern. Da hat das Herz auf einmal Panne. Es setzt aus, dann springt es wieder an, es klopft verkehrt. Ich spüre: wenn es nur eine Sekunde zu lang aussetzt, dann lasse ich los. Ich halte ganz still und lausche in mich hinein. Niemals, hörst du, niemals, solange ich fliege, habe ich mich so an meinen Motor gehalten wie in den paar Minuten damals an mein Herz. Ich sagte ihm: Feste! Nochmal! Laß nicht nach! Schlag zu! – Aber es war ein Herz erster Wahl, es setzte wohl aus, aber es ging immer wieder an. Du kannst dir gar nicht vorstellen, wie stolz ich auf mein Herz war."

Endlich war Guillaumet in dem Zimmer zu Mendoza, wo ich bei ihm wachte, in den Schlaf der Erschöpfung gefallen. Ich dachte: Wenn man von seinem Mut reden wollte, er würde nur mit den Achseln zucken. Man würde ihm aber auch nicht gerecht, wenn man seine Bescheidenheit hervorheben wollte. Er ist über diese mittelmäßige Eigenschaft hoch erhaben. Nur aus Klugheit gibt er das nicht zu, weil er weiß, daß die Menschen sich überhaupt nicht mehr fürchten, wenn sie erst in den Ereignissen drinstehen. Nur das Unbekannte ängstigt die Menschen. Sobald man ihm die Stirn bietet, ist es schon kein Unbekanntes mehr, besonders wenn man es mit hellsichtigem Ernst beobachtet. Guillaumets Mut besteht vor allem in seinem geraden und offenen Blick.

Aber das ist gar nicht seine besondere Größe; die fließt aus seinem Verantwortungsgefühl. Er fühlt sich verantwortlich für sich selbst, seine Post und die Kameraden, die auf ihn warten. An seiner Entscheidung liegt es, ob sie sich freuen dürfen oder sich sorgen müssen. Er trägt Mitverantwortung für alles, was lebt und was wird und woran er mitbauen soll, also im Rahmen seiner Arbeit für das Schicksal der Menschheit.

Er gehört zu den Wesen, die sich nicht scheuen, ihre Wurzeln und Zweige weit auszubreiten. Mensch sein, heißt Verantwortung fühlen: sich schämen beim Anblick einer Not, auch wenn man offenbar keine Mitschuld an ihr hat; stolz sein über den Erfolg der Kameraden; seinen Stein beitragen im Bewußtsein, mitzuwirken am Bau der Welt.

Und solche Menschen will man mit Stierkämpfern und Spielern in eine Reihe bringen? Man preist ihre Todesverachtung. Ich pfeife auf Todesverachtung. Sie ist nur ein Zeichen geistiger Armut oder jugendlicher Unreife, wenn sie nicht in einer übernommenen Verantwortung wurzelt.

Ich habe einen Fall von Selbstmord erlebt. Irgendein Liebeskummer trieb den jungen Menschen dazu, sich mit größter Genauigkeit die Kugel mitten ins Herz zu jagen. Dazu hatte er, Gott weiß von welchem literarischen Vorbild verführt, weiße Handschuhe angezogen. Ich mußte daran denken, wie sehr ich diese traurige Schaustellung nicht als vornehm, sondern als erbärmlich empfand. Nichts, gar nichts hatte also hinter dieser Menschenstirn über dem freundlichen Gesicht gesteckt, nichts als das Bild eines albernen kleinen Mädchens, das nicht anders war als tausend andere auch.

Gegenüber diesem kläglichen Schicksal erinnere ich mich eines wirklichen Männertodes, des Sterbens eines Gärtners, der mir sagte: „Wissen Sie, manchmal habe ich beim Graben tüchtig geschwitzt, und das Reißen im Bein war kaum auszuhalten, und ich habe über die Knechtschaft geflucht. Und heute, da möchte ich graben, das Land umgraben; nichts kommt mir schöner vor als Graben. Dabei ist man doch frei. Und wer wird nun meine Bäume verschneiden?" Er ließ urbares Land zurück, eine urbare Welt. Denn allem Fruchtland und allen Fruchtbäumen der ganzen Welt war er in Liebe verbunden. Er war der

Freigebige, er war der Verschwender, der große Herr. Er war – wie Guillaumet der tapfere Ritter, als er im Namen seiner Schöpfung mit dem Tode rang.

Das Flugzeug

Was tut es, Guillaumet, wenn du deine arbeitserfüllten Tage und Nächte mit dem Ablesen von Zifferblättern, mit dem Geraderichten des Flugzeuges, mit ängstlichem Lauschen auf den Atemzug der Motoren, mit dem Kampf gegen fünfzehn Tonnen Metall verbringst? Die Fragen, die dich beschäftigen, sind doch Menschheitsfragen. Dein Blick ist weit wie der der Bergbewohner, kein Dichter kann tiefer die Ahnung der Morgenröte empfinden als du, denn aus der harten Not schwerer Nächte hast du so oft das Erscheinen dieses blassen Lichtbüschels ersehnt, dieses Schimmers, der im Osten dem schwarzen Lande entsteigt. So manches Mal hat sich diese Wunderquelle vor deinen Augen aus dem toten Eise befreit und hat dir Heilung gebracht, wo du zu sterben vermeintest.

Der Gebrauch wissenschaftlicher Geräte hat aus dir keinen trockenen Techniker gemacht. Die guten Leute, die sich über die technischen Fortschritte unserer Zeit so entsetzen, verwechseln, wie mir scheint, Zweck und Mittel. Wer nur um Gewinn kämpft, erntet nichts, was der Mühe wert ist. Aber die Maschine ist kein Ziel, und darum ist auch das Flugzeug kein Zweck, sondern ein Werkzeug, ein Gerät nicht anders als der Pflug.

Wir denken, daß die Maschine den Menschen erdrückt und zerstört – wohl nur, weil wir noch zu wenig Abstand haben, um die Wirkungen einer so plötzlichen Umstellung zu überblicken. Was sind die hundert Jahre des Zeitalters der Maschine gemessen an den zweihunderttausend Jahren der Menschheitsgeschichte? Wir sind erst noch dabei, in dem Lande der tiefen Schächte und der riesigen Kraftwerke heimisch zu werden. Wir sind eben erst in das noch unvollendete neue Haus eingezogen.

Alles hat sich um uns so schnell geändert, die Beziehungen von Mensch zu Mensch wie die Gesetze von Arbeit und Sitte. Sogar unsere geistigen Wertmaßstäbe sind in ihren tiefsten Tiefen erschüttert. Noch bedeuten die Worte Trennung, Fernsein, Entfernung, Heimkehr dasselbe wie früher und enthalten doch nicht mehr dieselben Gegebenheiten. Um die Welt von heute zu deuten, gebrauchen wir eine Sprache, die für die Welt von gestern geschaffen wurde. Darum scheint uns auch das Leben der Vergangenheit naturgemäßer zu sein, nur weil es unserer Sprache gemäßer ist.

Jeder Fortschritt hat uns aus Gewohnheiten, die wir kaum erst angenommen hatten, gleich wieder vertrieben. Wir sind Verbannte, die noch kein neues Vaterland gefunden haben.

Wir sind junge Wilde und staunen über unsere neuen Spielsachen. Die Wettflüge haben keinen anderen Sinn. Einer steigt am höchsten, einer saust am schnellsten, wir aber wissen schon nicht mehr, warum wir sie steigen und sausen lassen. Für den Augenblick ist das Wettrennen wichtiger als sein Gegenstand. So geht es auch dem Gründer eines Weltreiches: für ihn wird Erobern Sinn und Zweck des Lebens. Der Soldat verachtet den Siedler; und doch bleibt das Ziel der Eroberung, den Siedlern Raum zu schaffen. So haben auch wir im Fortschrittsrausche die Menschen dazu gezwungen, an Eisenbahnen, Werkbauten und Tiefenbohrungen Dienst zu tun, und haben darüber ziemlich vergessen, daß alle diese Anlagen nur geschaffen wurden, um den Menschen zu dienen. Wohl erfüllte uns während des Eroberungskampfes eine soldatische Weltanschauung. Nun aber heißt es siedeln. Wir müssen dem neuen Haus sein Gesicht geben, denn es hat noch keins. Die einen durften bauen, die anderen sollen jetzt wohnen; ein jeder hat so *seine* Wahrheit.

Langsam wird unser Haus sicher menschlicher werden. Die Maschine selbst tritt in dem Maße hinter ihren Aufgaben zurück, als sie vollkommener wird. Es scheint, daß jeder technische Ansturm des Menschen, alle Berechnungen, alle über Plänen und Rissen durchwachten Nächte als letztes sichtbares Ergebnis immer wieder die größte Einfachheit zeitigen, als ob die Erfahrung mehrerer Geschlechter nötig wäre, um langsam die Linien einer Säule, eines Kieles, eines Flugzeugrumpfes zu entdecken, ehe diese endlich die herrliche Schlichtheit erhalten, die die Linie der weiblichen Brust oder der Schulter von Urzeit an besitzt.

Es scheint, daß alle Arbeit der Ingenieure, Zeichner und Rechner in den Laboratorien nur den Sinn hat, hier eine Bindung zu vereinfachen, dort einen Flügel anzupassen, bis man überhaupt nicht mehr merkt, daß da ein Flügel an einen Rumpf montiert ist, sondern nur gewahr wird, daß etwas Neues vor uns steht: eine vollentwickelte Form, frei von allen Schlacken, ein gewachsenes Ganzes, das ebenso geheimnisvoll gebunden ist wie eine Dichtung. Vollkommenheit entsteht offensichtlich nicht dann, wenn man nichts mehr hinzuzufügen hat, sondern wenn man nichts mehr wegnehmen kann. Die Maschine in ihrer höchsten Vollendung wird unauffällig.

Die Vervollkommnung einer Erfindung grenzt hart an Erfindungslosigkeit. Erst wenn aus unseren Geräten jede sichtbare Spur der technischen Bearbeitung geschwunden ist und wir sie so natürlich und selbstverständlich wie vom Meer gerundete Kieselsteine ergreifen, wird man langsam vergessen, daß es sich überhaupt um so etwas wie eine Maschine handelt. Bisher standen wir in ständiger Beziehung mit einem sehr komplizierten Mechanismus. Heute schon vergessen wir, daß der Motor sich dreht, denn endlich erfüllt er seine Aufgabe, sich zu drehen, so wie das Herz schlägt. Wir achten ja auch nicht auf unser Herz. Die Aufmerksamkeit wird nicht mehr vom Werkzeug verschlungen, sondern wir vermögen durch es hindurch wieder die alte Natur zu entdecken, die Natur des Gärtners, des Seefahrers, des Dichters.

Der Flieger, der aufsteigt, kommt in Berührung mit Wasser und Luft. Sobald die Motoren angeworfen sind und das Wasserflugzeug schon durch das Meer gleitet, schlägt das harte Plätschern der Wellen gegen seinen Bug wie an einen Gong, und der Mensch kann den Ablauf des Arbeitsvorganges an den Erschütterungen des Rumpfes fühlen. Er spürt, wie das Flugzeug von Sekunde zu Sekunde, in demselben Maße wie seine Geschwindigkeit zunimmt, an Kraft gewinnt. Er erlebt, wie sich in den fünfzehn Tonnen Baustoff langsam die Reife bildet, die das Fliegen möglich macht. Der Flieger schließt die Hände über den Griffen, und langsam sammelt er wie ein Geschenk in seiner hohlen Hand diese wachsende Kraft. Die metallenen Nerven der Steuerung werden zu Boten seiner Macht. Und wenn der Augenblick herangereift ist, vermag der Flieger mit einer Bewegung, die geringer ist als die des Pflückens einer Blume, das Flugzeug vom Wasser zu lösen und es in die Luft zu erheben.

Die Naturgewalten

Wenn Joseph Conrad einen Taifun recht lebendig darstellen will, spricht er kaum von den Wellenbergen, der Düsternis und dem Sturmtoben. Aber im überfüllten Zwischendeck hat das Rollen und Schlingern das Gepäck der chinesischen Auswanderer zerrüttelt, ihre Kisten zerschlagen und ihre ärmlichen Habseligkeiten wirr durcheinandergeworfen. Das Geld, das sie sich im Laufe eines arbeitsamen Lebens pfennigweise erspart haben, die Erinnerungsstücke, die, so ähnlich sie alle einander sehen, jedem einzelnen einen persönlichen Wert bedeuten: alles bildet ein furchtbares Gewirr, liegt herren- und namenlos umher und verkrustet zu einem unentwirrbaren Chaos. Vom ganzen Taifun zeigt Conrad lediglich das Menschenschicksal.

Wir haben alle schon einmal dieses Unvermögen erfahren, Zeugnis eigener Erlebnisse abzulegen. Wenn wir nach dem Sturme wohlgeborgen in der Speisewirtschaft von Toulouse, unter der Obhut der freundlichen Kellnerin, wieder beisammensaßen, verzichteten wir darauf, von der Hölle zu erzählen. Erzählen und große Gebärden oder gar große Worte wären wie kindische Prahlereien erschienen und hätten den Kameraden nur ein Lächeln abgelockt. Das ist aber nicht zufällig so. Der Wirbelsturm, von dem ich jetzt reden will, war gewiß in seiner Urgewalt das packendste Erlebnis, das mir jemals begegnete. Aber vor der höchsten Steigerung des Erlebens werden Worte schal. Die Sprache ist der Steigerung nicht in eben dem Maße fähig, wie die Gewalt der Sturmstöße wächst. Alles Bemühen um Ausdruck bleibt leer und schmeckt unangenehm nach Übertreibung.

Allmählich ist mir der tiefere Grund klargeworden, warum man so etwas nicht beschreiben kann. Man will den Ablauf eines Schicksals, das es niemals gegeben hat, in Worten festhalten. Wenn man bei der Schilderung der Schrecknisse Schiffbruch leidet, so nur deshalb, weil man die Schrecknisse erst hinterher, im Nacherleben, in der Rückerinnerung erfunden hat. Beim tatsächlichen Erleben waren sie gar nicht da.

Wenn ich mich trotzdem daran wage, einen Aufruhr der Naturkräfte zu schildern, den ich miterlebte, habe ich von vornherein nicht das Gefühl, ein mitteilbares Geschehen darzustellen.

Ich hatte den Flughafen von Trelew in Richtung auf Commodoro-Rivadavia in Patagonien verlassen. Man überfliegt dort eine Gegend, die zerbeult ist wie ein alter Kessel. Nirgends wirkt die Erde so verbraucht wie dort. Die Luftströmungen, die die Hochdruckgebiete über dem Pazifik durch eine Lücke in der Andenkette hindurchpressen, fangen sich in einem engen Durchbruch von hundert Kilometer Front und bekommen dabei immer größere Geschwindigkeit, so daß sie unter sich alles kahlputzen. Als einzige Bäume stehen in diesem abgeschabten Lande die Bohrtürme der Erdölfelder. Sie gleichen einem abgebrannten Walde. Ab und zu ragen über das rundliche Hügelland, auf dem der Wind nur einen Bodensatz von hartem Kies gelassen hat, Berge hervor, die Schiffsbugen ähneln: spitz, zackig, bis auf die Knochen abgeschunden. Während der drei Sommermonate steigt die Geschwindigkeit, mit der dieser Wind über den Boden hinfegt, auf dreißig Sekundenmeter. Wir kannten ihn gut.

Wenn wir erst die Steppe von Trelew hinter uns hatten und an die windbestrichene Zone herankamen, erkannten meine Kameraden und ich an einer blaugrauen Farbe ihr Nahen, und mit einem Ruck zogen wir Bauch- und Schultergurte fester in der Voraussicht auf harte Stöße. Alsbald begann ein schmerzhafter und mühsamer Flug, auf dem man jeden Augenblick in ein unsichtbares Schlammloch zu stürzen begann. Es war Schwerarbeit; eine Stunde lang schufteten wir wie die Hafenarbeiter, und die Schultern ächzten unter dem rohen Hinundhergezerre. Weiterhin, nach Ablauf dieser Stunde, gelangten wir wieder in ruhige Luft.

Unsere Maschinen hielten es aus, und wir verließen uns vertrauensvoll auf unsere Flügelholme. Die Sicht blieb meistens gut und stellte keine besonderen Aufgaben. Wir gingen an diese Flüge heran wie an eine lästige Fron, nicht wie an ein hartes Schicksal.

Aber eines Tages gefiel mir die Farbe des Himmels ganz und gar nicht. Er war blau, strahlend blau, viel zu blau. Hartes Sonnenlicht lag auf dem aufgerauhten Landstrich und ließ in weiten Abständen die abgenagten Berggerippe aufleuchten. Keine Wolke trübte das Licht, aber die Bläue erinnerte mehr denn je an ein frischgeschliffenes Messer.

Ich fühlte das dunkle Unbehagen, das man vor allen Leistungsprüfungen empfindet. Sogar die Reinheit des Himmels verdroß mich. In schwarzen Sturmwolken zeigt sich der Feind ehrlich, man kann seine Stärke abschätzen, die Breite seines Aufmarsches erkennen und sich auf den Ansturm vorbereiten. Im tiefschwarzen Gewitter kämpft man mit dem Gegner Brust an Brust. Aber bei schönem Wetter und in großer Höhe überraschen die Sturmstöße den Flugzeugführer, und er fühlt unter sich die Leere gähnen. Noch eine andere Beobachtung drängte sich mir auf: in gleicher Höhe mit den Bergen zog etwas dahin, kein Nebel, keine Dämpfe, kein Sandsturm, sondern eine Art Aschenflug. Mir mißfielen diese Feilspäne sehr, die der Wind von der Erde abraspelte und dem Meere zutrug. Ich zog meine Gurte ganz fest, steuerte nur mit einer Hand und hielt mich mit der anderen an einer Strebe des Flugzeuges fest. Und dabei flog ich noch in einer bemerkenswert ruhigen Luft.

Endlich zitterte die Maschine in der wohlbekannten Weise, die wirklich schwere Stürme ankündigt: es ist kein Rollen und kein Schwanken; noch schlägt der Wendezeiger nicht weit aus. Der Flug bleibt geradlinig und waagerecht. Und doch hat man in seinen Tragflächen die Botschaft schon aufgefangen: ab und zu ein kaum merklicher Stoß, aber es sind kurze Schläge, wie wenn von Zeit zu Zeit der Luft kleine Mengen Pulver zugemischt wären.

Dann aber ging es los, und alles ringsum geriet in Aufruhr.

Über die nächsten zwei Minuten kann ich nichts aussagen. In meiner Erinnerung tauchen nur einige Gedankenfetzen auf, Versuche zu geordnetem Denken und bloße Beobachtungen. Ein erschütterndes Geschehen kann ich aus ihnen nicht machen, denn von einem solchen war gar nicht die Rede. Ich kann sie nur in einer gewissen Reihenfolge anordnen.

Vor allem eins: ich machte keine Fahrt mehr. Da ich sofort nach rechts abgeschwenkt war, um die plötzliche Abtrift auszugleichen, sah ich die Landschaft immer unbeweglicher zu meinen Füßen, bis sie schließlich still stand. Ich kam nicht vorwärts, meine Flügel fraßen sich nicht mehr in das Geländebild unter mir ein. Die Landschaft schwankte und tanzte, aber alles geschah am Ort. Mein Flugzeug war wie ein ausgeleiertes Zahnrad, das in einem verbrauchten Räderwerk abgleitet und nicht mehr fassen will.

Zugleich kam es mir in ganz widersinniger Weise so vor, als zeigte ich mich dem Feinde ohne Deckung. Alle die Bergrücken und Felsgrate, alle die Bergspitzen, die ihre Kielwasser in den Windstrom zeichneten und seine Wellen mir zusandten, erschienen mir als ebenso viele Geschütze, die alle auf mich gerichtet waren. Ganz natürlich stieg so in mir langsam der Gedanke hoch, auf meine stolze Höhe zu verzichten und mich in die Tiefe eines der Täler unter einem Berghang zu begeben. Übrigens saugte mich die Erde an, ob ich wollte oder nicht.

So hatten mich die ersten Wellen eines Wirbelsturms gepackt, von dem ich zwanzig Minuten später durch eigene Erfahrung feststellen konnte, daß er über dem Erdboden die unglaubliche Geschwindigkeit von siebzig Meter in der Sekunde erreicht hatte, das sind zweihundertvierzig Stundenkilometer. Aber als ein schicksalschweres Geschehen empfand ich ihn nicht. Wenn ich jetzt die Augen schließe und versuche, von Flug und Flugzeug abzusehen und mein Erleben auf eine einfachste Formel zurückzuführen, so finde ich die Gefühle wieder, die ein Träger hat, der mehrere Pakete im Gleichgewicht aufgepackt bekommt. Er kämpft mit dem Rutschen der Last und fängt ein gefährdetes Stück mit einer raschen Bewegung ein, die ein anderes ins Gleiten bringt. Und wenn er dann recht tief in diesen blödsinnigen Kampf verwickelt ist, kommt er wohl plötzlich gar in Versuchung, die Arme weit zu öffnen, womit der ganze Stapel zu Fall käme. So fühlte ich mich; aber an Gefahr dachte ich mit keinem Schimmer. Wenn man nach dem Gesetz des schnellsten Weges für sprachlichen Ausdruck das Erlebnis in ein Bild schärfster Verkürzung fassen will: ich glich einem Geschirrträger, dem im Ausrutschen sein Stoß von Porzellantellern entgleitet.

Nun bin ich Gefangener eines Tales, und meine Bedrängnis ist größer geworden statt kleiner. Gewiß ist noch niemand an Luftwirbeln gestorben – die Redewendung „durch Luftwirbel an den Boden gedrückt“ ist, wie wir alle wissen, eine Zeitungsfloskel. Der Wind kann ja nicht unter die Erde kriechen. Aber in diesem Talgrund habe ich die Herrschaft über meine Maschine zu Dreivierteln eingebüßt. Wie wackelt und schwankt diese Felsgräte vor mir! Nun steigt sie ganz plötzlich bis zum Himmel und schwebt eine bange Sekunde lang drohend über mir, um ebenso plötzlich aus meinem Blickfeld abzusinken.

Mein Blickfeld! Als ob es so etwas noch gäbe! Ich sitze wie eingesperrt zwischen den Kulissen einer mit Versatzstücken vollgepfropften Bühne. Senkrecht stehend, waagerecht schwebend, schief steigend und fallend – wild kreuzen sich die Linien. Hundert Quertäler leiten mit ihren Durchblicken die Augen in die Irre. Kaum komme ich einmal dazu, mich zurechtzufinden, und schon reißt eine neue Sturmwoge mich im rechten Winkel herum oder dreht mich ganz um, und ich darf mich aus meinen Schuttbergen neu herausfitzen.

Zwei Gedanken gewinnen in mir Gestalt. Zunächst mache ich eine Entdeckung: endlich begreife ich die Ursache mancher Flugunfälle im Gebirge, die das Fehlen jeglichen Nebels rätselhaft machte. Die Flieger haben in einem verhängnisvollen Augenblick in dieser tanzenden Landschaft Steilhänge und waagerechte Bänder verwechselt.

Zugleich aber steigt ein besessener Wunsch in mir hoch: zurück aufs Meer! dort ist es flach, und du kannst nicht anrennen!

Ich wende – wenn man diesen fast planlosen Walzer durch die ostwärts offenen Täler wenden nennen kann. Aber immer noch ist nichts erhebend Schicksalhaftes in dem Kampf. Ich ringe mit der Unordnung, ich setze alle Kräfte gegen sie ein und arbeite bis zur Erschöpfung, während jeder gewonnene Erfolg sofort wieder zusammenbricht. Ich spüre gerade nur die völlig natürliche Beklemmung, wenn eine der Mauern meines Gefängnisses drohend gegen mich anrückt wie eine gewaltige Meereswoge. Auch die Angst ist kaum der Rede wert, die mich jedesmal durchfährt, wenn die unsichtbaren Minen springen, die mir die Felsgrate auf meinem Wege mit ihren tückischen Wirbeln bereiten. Wenn ich in diesem Durcheinander dumpfer Empfindungen einen klaren Gedanken namhaft machen kann, so ist es das Gefühl einer zurückhaltenden Hochachtung.

Wirklich, ich spüre Hochachtung vor dieser Bergspitze, Hochachtung vor jenem scharfgeschliffenen Grat und vor der Kuppe dort drüben! Und alle Hochachtung vor dem Quertal, das in meines mündet und Gott weiß was für Wirbel schaffen mag, wenn es seinen Sturmbach in den Sturmstrom gießt, der mich mit sich reißt.

Da wird mir, als hätte ich gar nicht mit dem Wind zu kämpfen, sondern mit diesem Felsgrat, mit jenem Bergkamm, mit dem riesigen Steinblock dort drüben. Ja, so weit er noch ist, dieser Steinblock ist mein Gegner und hat es auf mich abgesehen. Durch ein Spiel unsichtbarer Fernwirkungen, durch ein geheimnisvolles Muskelspiel stemmt er sich mir entgegen.

Rechts vor mir kann ich das Salamancahorn erkennen; das ragt übers Meer auf; ich weiß das genau. Also endlich komme ich übers freie Meer! Aber ich muß erst unter den Winden dieser Bergspitze vorbei durch ihr „Gefälle", wie wir es nennen. Das Salamancahorn ist ein Riese. Alle Hochachtung vor dem Salamancahorn!

Einen Augenblick darf ich verschnaufen, zwei Sekunden vielleicht. Etwas wird plötzlich fest unter mir, gestaltet sich, packt zu. Ich kann nur staunen und große Augen machen. Es ist, als ob das Flugzeug kraftvoll schwingt, sich entfaltet, sich weitet. An Ort und Stelle wird es in brausendem Höhenflug fünfhundert Meter steil aufwärts emporgerissen. Plötzlich beherrsche ich meine Feinde von oben, wo ich doch seit vierzig Minuten nicht über sechzig Meter hochkommen konnte. Das Flugzeug wabert wie im Kochtopf. Groß und weit zeigt sich der Ozean. Mein Tal öffnet sich aufs Meer zu, auf die Rettung hin, aufs Heil! –

Und da trifft mich ohne jeden Übergang der Stoß des Salamancahorns – tausend Meter davon entfernt. Doch es gereicht mir zum Heil: ich purzle und taumele dem Meere zu.

Ich fliege nun Vollgas auf die Küste zu, landwärts auf die Küste zu!

In ein paar Minuten ist viel geschehen. Zunächst habe ich das Meer nicht angeflogen, sondern wurde auf das Meer ausgeworfen wie von einem gewaltigen Hustenkrampf. Mein Tal spie mich aus wie aus einer Geschützmündung, wie ein Mörser sein Geschoß. Gewiß, ich bildete mir ein, sofort Dreiviertelwendung gemacht zu haben, um nicht planlos von der Küste abgetrieben zu werden. Ich hatte aber die Bewegung kaum ausgeführt, da sah ich das Land schon verwischt in zehn Kilometer Entfernung; es war schon blau wie die

Küste eines fremden Erdteils. Das Spitzenwerk der Berge, das sich so fein gegen den Himmel abhob, wirkte wie die Zinnen einer fernen Burg. Ich war fast bis aufs Wasser gedrückt durch die Gewalt der Fallwinde. Ich merkte, daß ich einen Fehler begangen hatte, und suchte wieder zu steigen. Aber da bekam ich erst die volle Kraft der Luftströmung zu spüren: Vollgas voran, zweihundertvierzig Stundenkilometer, die Höchstgeschwindigkeit jener Zeit, zwanzig Meter über dem Wellengischt – und ich kam nicht weiter! Solch ein Sturm fährt in die Zweige des Tropenwaldes wie Feuer, wirbelt sie und entwurzelt die Riesenbäume wie Kohlstrünke. Hier stürzte er sich von den Bergeshöhen und preßte aufs Meer.

Ich krampfte mich mit ganzer Motorenstärke an diesen Sturm, in den jede Bergzacke ihr Kielwasser wie eine Schlange hinauszischen ließ. Mir war es, als hinge ich angeklammert an der Spitze einer Peitsche, die über das Meer hinzuckte.

In jenen Breiten ist Amerika schon so schmal, daß die Andenkette dem Atlantik ziemlich nahe kommt. Ich zappelte also nicht nur im Fallwind der Küstenkette, nein, der ganze Himmel stürzte vom Andenkamm auf mich herab. Das erstemal nach vier Jahren Dienst als Verkehrsflieger kam mir der Gedanke, daß die Flügel abbrechen könnten. Auch fürchtete ich einen Sturz ins Meer, nicht wegen der Fallwirbel, denn die bilden naturnotwendig in Meereshöhe eine Auffangschicht. Aber sie trafen mich manchmal in sehr sonderbaren Stellungen, denn unfreiwillig vollführte ich alle Figuren des Kunstflugs.

Ich besorgte ernstlich, ich könnte einmal vor dem Zusammenprall mit einem neuen Luftwirbel nicht geradegerichtet haben. Vor allem aber meinte ich, mein Schicksal ganz klar zu sehen: wenn der Treibstoff verbraucht war, fiel ich einfach ins Wasser. Jeden Augenblick rechnete ich damit, daß die Pumpen nicht mehr faßten. Tatsächlich setzte der Motor immer wieder aus; die Stöße waren nämlich so, daß der Treibstoff in den halbvollen Tanks und in Röhren, dem Trägheitsgesetz folgend, plötzlich aufhörte, nachzufließen. Und so ließ mein Motor statt seines ständigen Rollens eine eigentümliche Morsesprache hören, in der lang und kurz tackend wechselten.

Aber der Kampf hatte mich erschöpft; ich umklammerte immer noch das Steuerrad meines schweren Postflugzeugs und fühlte nur noch dumpf. Ohne Erregung sah ich auf die Fährten des Sturms auf der See. Weiße Flockenwälle von achthundert Meter Frontbreite stürmten mit zweihundertundvierzig Stundenkilometer Geschwindigkeit auf mich ein; die Fallwirbel waren auf das

Wasser aufgeschlagen und sausten nun waagerecht weiter.

Das Meer war zugleich grün und weiß; weiß wie Staubzucker und stellenweise grün wie Smaragd. Die einzelnen Wellen konnte ich in diesem tobenden Durcheinander nicht unterscheiden; auf dem Meere rauschten wahre Stromschnellen. Die Luftströmungen malten ihre Riesenzeichen darauf, wie zur Erntezeit die Spuren des Windes über Kornfelder dahineilen. Gelegentlich ließ die merkwürdig übersteigerte Sicht im Strandschatten einen schwarzgrünen Hintergrund auftauchen. Dann aber zerklirrte die Kristallscheibe des Meeres wieder in tausend weiße Splitter.

Ich gab mich verloren. In zwanzig Minuten Kampf hatte ich keine hundert Meter gewonnen. Schon hier, zehn Kilometer vor den Steilklippen der Küste, war das Fliegen so anstrengend, daß ich mich fragte, wie ich in Küstennähe – wenn ich sie je erreichte – den Wirbeln standhalten sollte.

Aber Furcht empfand ich nicht. Wie hätte ich es auch gekonnt? Ich war ausgepumpt und leer. Ich konnte nichts mehr denken, als was zum einfachsten Handeln gehörte: geraderichten, geraderichten und wieder geraderichten.

Augenblicke des Aufatmens gab es immer wieder. Sie glichen gewiß immer noch den heftigsten

Stürmen, die ich sonst erlebt hatte. Aber gemessen an dem gegenwärtigen Unwetter empfand ich sie als große Entspannung. Ich mußte mich nicht so schnell umstellen. Obendrein meldeten sich die Ruhepausen zuvor an. Nicht ich flog auf diese „stillen" Striche zu, nein, diese fast grünen Oasen, die sich so deutlich vom Meer abzeichneten, kamen mir entgegen. Auf den Wassern las ich die Verkündigung bewohnbarer Lande. Und sobald mir so ein Augenblick der Ruhe gegönnt war, kehrte die Fähigkeit zu denken und zu fühlen wieder. In diesen Augenblicken fühlte ich mich verloren, und Angst stieg hoch. Wenn ich dann sah, wie sich ein neuer Vorstoß auf mich zu entwickelte, packte mich eine kurze Panik bis zu dem Augenblick, in dem ich am Saume des Gischtes wieder an meine unsichtbare Wand prallte. Dann empfand ich nichts mehr.

Höher hinauf! Dieser Wunsch wurde trotz allem lebendig. Und einmal schien mir die Ruhepause unerschöpflich, und dumpfe Hoffnung stieg wieder auf. Ich werde höher gehen, oben treffe ich andere Luftverhältnisse und komme vorwärts. Ja, das werde ich tun. Ich benutzte die Pause, um in aller Eile den Aufstieg zu versuchen. Hart genug war er, denn die Fallwinde blieben zähe Gegner. Hundert Meter, zweihundert Meter gewann ich ihnen ab. Und im Hirn arbeitete der Gedanke: Laßt mich nur tausend Meter hochkommen, dann bin ich gerettet. Aber schon sah ich von ferne die weiße Meute auf mich zujagen. Ich drückte das Höhensteuer nach, um nicht auf die vollen Tragflächen geschlagen zu werden. Aber es war schon zu spät. Der erste Stoß warf mich herum. Ringsum glitt alles ab, und ich konnte mich nicht mehr halten …

Wie befiehlt man seinen eigenen Händen? Ich mache eine entsetzliche Entdeckung: meine Hände sind eingeschlafen und tot! Sie geben keine Botschaft weiter, wohl schon seit einer ganzen Weile, ich hatte nur nichts davon gemerkt. Und wenn man es merkt, ist die Sache schlimmer, denn dann quält man sich mit der Frage: Wie befiehlt man seinen eigenen Händen? Das Reißen an den Flügeln hatte eben die ganze Zeit an den Steuerdrähten gezerrt und das Steuerrad wild ausschlagen lassen. Eine Dreiviertelstunde habe ich es krampfhaft festgehalten, um diese Stöße auszugleichen, von denen ich fürchten mußte, daß sie die Drahtseile sprengten. Ich habe zu krampfhaft gehalten, und meine Hände haben jedes Gefühl verloren.

Das ist eine Entdeckung! Meine Hände sind die Hände eines Fremden. Ich sehe sie an und bewege einen Finger; er gehorcht. Wenn ich aber wegsehe und meinem Finger den gleichen Befehl gebe, vermag ich nicht zu sagen, ob er gehorcht hat; er meldet sich nicht mehr. Wie soll ich noch wissen, ob meine ganze Hand sich öffnet? Ich sehe schnell hin. Beide Hände sind geschlossen geblieben. Aber ich habe Angst gehabt.

Wie soll man die Tatsache, daß eine Hand sich öffnet, von dem Entschluß, sie zu öffnen, unterscheiden, wenn der Austausch zwischen Hand und Hirn nicht mehr arbeitet? Vorstellung und Ausführung einer Handlung verwirren sich. Fort darum mit der Vorstellung von Händen, die sich öffnen! Die Hände leben für sich, ich darf sie nicht in diese entsetzliche Versuchung führen. Ich versenke mich in die krankhafte, törichte, tolle Litanei, ich bete sie vor mich hin bis zum Ende des Fluges; nur ein Gedanke, nur eine Vorstellung, nur ein Satz, den ich ununterbrochen ableiere: „Meine Hände halten fest, halten fest, halten fest, meine Hände halten fest."

Ich lebe nur noch in diesem Satz, es gibt kein weißschäumendes Meer draußen, keine Wirbel, keine zackigen Berge. Es gibt nur Hände, die festhalten. Gefahr gibt es keine und keinen Wirbelsturm. Es gibt nur irgendwo zwei Kautschukhände, die sich ein Steuerrad nicht entgleiten lassen dürfen. Ehe sie es wieder gefaßt hätten und den Absturz des Flugzeugs aufhalten könnten, wäre alles vom Meer verschlungen.

Ich weiß nichts, ich fühle nichts, als daß es leer in mir wird. Die Kräfte schwinden, und der Kampfwille verläßt mich. Der Motor klopft seine Morsesprache weiter, lang – kurz in wildem Wechsel, es kracht wie beim Zerreißen von Leinewand. Wenn er mehr als eine Sekunde aussetzt, ist es mir, als ob mein Herz stille stünde. Alles aus! – Nein, es geht weiter.

Draußen sind, ich lese es auf dem Thermometer, zweiunddreißig Grad unter Null. Ich aber bin von Kopf bis Fuß in Schweiß gebadet, und Schweiß läuft über mein Gesicht. Was für ein Tanz! Und dann bemerke ich, daß sich meine Akkus aus ihren Stahlbändern gelöst haben. Sie sind gegen die Decke geschmettert und haben diese durchschlagen. Und ich sehe, daß die Rippen der Flügel sich lockern, daß einzelne Steuerkabel bis auf den letzten Strang abgefeilt sind ...

In mir wird es immer leerer. Ich ahne, daß bald die Gleichgültigkeit der Erschöpfung und die tödliche Sehnsucht nach Ruhe eintreten werden.

Was kann ich davon erzählen? Nichts. Die Schultern tun mir weh, sehr weh sogar. Als ob ich zu schwere Säcke getragen hätte. Ich neige mich hinaus. In einem grünen Streifen sehe ich den

Grund so nahe, daß ich alle Einzelheiten erkennen kann. Da schlägt die Faust des Sturmes auf das Meer, und das Bild ist zerstoben.

Nach achtzig Minuten Kampf bin ich dreihundert Meter gestiegen. Weiter südlich zeigt sich auf dem Meere ein langer Schweif, eine blaue Schleppe. Dorthin will ich mich seitlich abtreiben lassen. Wo ich bin, komme ich nicht vorwärts, wenn ich auch nicht zurückgeworfen werde. Wenn ich diesen blauen geborgenen Strom erreiche, kann ich vielleicht langsam bis zur Küste fliegen. Ich lasse mich also links abtreiben. Obendrein will mir scheinen, daß die Gewalt des Sturmes nachläßt. –

Eine Stunde habe ich für die zehn Kilometer gebraucht! Jetzt bin ich im Schutze der Strandklippen und kann nach Süden abfliegen. – Nun muß ich wieder höher kommen, um über das Land weg den Flugplatz anzusteuern. Und es gelingt, in dreihundert Meter Höhe zu bleiben. Das Wetter ist noch scheußlich, aber es ist kein Vergleich mehr; es ist überstanden.

Auf dem Flugplatz sehe ich einhundertzwanzig Soldaten, die man des Sturmes wegen für mich angefordert hat. In ihrer Mitte setze ich auf, und dann haben wir für eine Stunde zu tun, ehe die Maschine im Schuppen steht. Ich steige aus, den Kameraden sage ich nichts. Ich bin schläfrig. Langsam bewege ich die Finger, aber sie wollen nicht erwachen. Kaum weiß ich noch, in welcher Angst ich eben schwebte. Habe ich überhaupt Angst gehabt? Ich habe ein einzigartiges Schauspiel erlebt. Weiches Schauspiel? Kaum kann ich mich besinnen. Der Himmel war so blau, und das Meer so weiß. Eigentlich sollte ich es doch erzählen, denn ich war so weit, und bin nun wieder da. Aber ich kann das Erlebnis nicht mehr fassen: „Stellt euch ein weißes Meer vor ... sehr weiß ... noch viel weißer!“

Nein! Man kann nichts sagen durch gehäufte und gesteigerte Beiwörter. Solch ein Gestammel reicht nicht an die Dinge heran.

Man kann nichts sagen, weil es nichts zu sagen gibt. In all den Gedanken, die einem das Gemüt erregten, in all den Schmerzen der Schultern lebt kein Schicksal, auch nicht im steilen Zacken des Salamancahorns. Gewiß, es war geladen wie ein Pulverfaß, aber das kann ich nicht erzählen. Sie lachen mich nur aus. Ich empfand große Hochachtung für das Salamancahorn, das ist alles – und das ist kein schicksalhaftes Geschehen.

So etwas gibt es eben nur im menschlichen Zusammenleben; da gibt es Schicksalsgeschehen und heldische Leidenschaften. Morgen wird es mich vielleicht ergreifen, wenn mein Erlebnis sich verklärt hat und ich mich in die Verzweiflung des Wirbelsturms zurückversetze; denn morgen lebe ich wieder und weile wieder unter Menschen. Aber es ist Selbstbetrug dabei. Denn der Mann, der mit Händen und Füßen gegen den Wirbelsturm rang, dachte nicht daran, sich mit dem sorglosen und freien Menschen zu vergleichen, der ich morgen sein werde; er war dazu viel zu beschäftigt.

So ist meine Ausbeute etwas mager; nur eine kleine Entdeckung habe ich mitgebracht. Und nun bewegt mich die Frage: Wie vermag man einen Willensakt von einer einfachen Vorstellung in dem Augenblick zu unterscheiden, wo gedankliche Empfindungen die leibliche Übertragung nicht mehr finden?

Ich würde euch sicher tiefer gepackt haben, wenn ich die Geschichte von einem Kinde erzählt hätte, das zu Unrecht bestraft wurde. So habe ich euch durch einen Wirbelsturm geführt, möglicherweise ohne euch zu beunruhigen. Betrachten wir denn nicht auch im Kino Woche für Woche von bequemen Sesseln aus die Beschießung von Schanghai? Ohne Grauen, ja mit Bewunderung können wir zusehen, wie Schwaden von Ruß und Asche aus diesem von vulkanartigen Ausbrüchen zerrissenen Lande langsam gen Himmel steigen.

Und doch wird diese schwarze Wolke nicht nur vom Korn der Speicher, vom Erbe vieler Geschlechter, von dem Gute ganzer Sippen genährt; es steigen ja auch die kläglichen Reste armer, verbrannter Kinder in Rauch gehüllt langsam zum Himmel empor.

Aber körperliches Geschehen berührt uns nur, wenn man uns seinen geistigen Hintergrund zu deuten vermag.

Das Flugzeug und der Planet

I

Das Flugzeug ist wohl eine Maschine – indes welch ein unendlich fein empfindendes Gerät! Ihm danken wir die Entdeckung des wahren Gesichts unserer Erde. Jahrhundertelang hatten uns die Straßen getäuscht. Es ging uns wie jener Kaiserin, die ihre Untertanen besuchen wollte, um sich zu überzeugen, ob sie sich unter ihrer Herrschaft wohlfühlten. Ihre Hofleute aber wußten sie zu täuschen und statteten ihren Reiseweg mit allerlei Bildern von Volksglück aus und ließen bezahlte Statisten tanzen. Jenseits des schmalen Reiseweges sah sie nichts von ihrem Reich und ahnte nicht, daß im weiten Lande ringsum die Menschen Hungers starben und sie verfluchten.

So folgten auch wir dem gewundenen Laufe der Straßen. Sie vermeiden die Wüsteneien, Steinmeere und Sandflächen. Sie fügen sich den Bedürfnissen der Menschen und führen von Brunnen zu Brunnen. Sie leiten den Bauern von der Scheune zum Erntefeld, sie empfangen an der Stalltür das schläfrige Vieh und entlassen es, noch bevor der Tag voll entfaltet ist, zu den nährenden Luzernen. Sie verbinden die Dörfer miteinander, denn man heiratet ja von einem ins andere. Und wenn schon einmal eine Straße es wagt, eine Wüste zu durchqueren, so dreht und wendet sie sich, um auch jede Oase genießerisch mitzunehmen.

Der Betrug dieser Windungen, diese frommen Lügen haben uns lange Zeit das Bild unseres Gefängnisses verschönert. Wir kamen ja auf unseren Reisen an so vielen wohlbewässerten Landstrichen, an reichen Obstgärten und fetten Wiesen vorbei. So schien uns unser Stern voll lebenspendender Feuchte und Lieblichkeit.

Aber unser Blick ist schärfer geworden, und wir haben einen grausamen Fortschritt erfahren. Das Flugzeug hat uns die wahre Luftlinie kennengelehrt. Kaum ist es aufgestiegen, so verlassen wir schon die Wege, die zu Tränken und Ställen führen oder sich von Stadt zu Stadt schlängeln.

Wir sind frei von der vertrauten Knechtschaft, unabhängig von Brunnen und Quellen, und steuern unsere fernen Ziele geradewegs an. Erst auf diesen geradlinigen Flügen entdecken wir den Unterbau der Welt, die Schicht aus Fels, Stein und Salz, auf der an wenigen Stellen das Leben wie Moos an altem Gemäuer schüchtern zu grünen wagt.

Da werden wir zu Forschern, die nach physikalischen und biologischen Gesichtspunkten die Kultur untersuchen, die da unten den Talgrund verschönt und ab und zu, wenn das Klima besonders günstig ist, sich wie ein Park ausbreitet. Wir beurteilen den Menschen mit Weltraumperspektive. Das Fenster am Führersitz ist die Linse eines Mikroskopes, und mit neuen Augen lesen wir darin die Weltgeschichte.

II

Der Flieger, der auf die Magalhaesstraße zufliegt, kommt etwas südlich von Rio Gallegos über einen alten Lavastrom. Zwanzig Meter dick lagern die Trümmer über der Ebene. Und dann kommt wieder einer und ein dritter, und von da an trägt jeder Erdhuckel, jeder Hügel von zweihundert Metern seinen Krater. Keine stolzen Vesuve sind es, sie schauen aus der Erde wie die Mündungen eingegrabener Mörser, die kaum über das Gelände hervorragen. Heute herrscht dort Kampfpause. Man erlebt sie mit Erstaunen in dieser außer Dienst gestellten Landschaft, in der einst tausend Vulkane einander ihre Salven entgegenspien. Jetzt überfliegt man ein stummes Land, das von schwarzen Gletschern übersät ist.

Weiter südlich sind ältere Vulkane bereits von einem goldenen Rasen bedeckt. Ab und zu sprießt sogar ein Baum in ihren Spalten wie in einem alten Blumentopf. Im fahlen Abenddämmerlicht wirkt die Ebene gepflegt wie ein Park, dank dem kurzen Grase; nur rings um die größten Schlünde ist sie ein wenig zerklüftet. Da springt ein Hase auf, ein Vogel schwirrt hoch, das Leben hat von einem jungen Stern Besitz ergriffen, wo die gute Krume fruchtbarer Erde sich endlich auf dem nackten Gestein angesiedelt hat.

Kurz vor Punta Arenas häufen sich die letzten Krater. Ein lückenloser Graswuchs schmiegt sich den Unebenheiten der Feuerberge an; die sind gebändigt und sanft, jeder Riß ist durch den zarten Pflanzenwuchs vernäht. Der Boden ist glatt, die Hänge flach, man vergißt ihre Entstehung. Das grüne Gras erstickt das düstere Malzeichen, das diesen Hügeln aufgebrannt war.

Und nun kommt die südlichste Stadt der Welt, Punta Arenas, die ihr Dasein einem bißchen Erde zwischen starrer Lava und dem noch starreren Eis des Südpols verdankt. So kurz nach dem Überfliegen der schwarzen Güsse fühlt man das Wunder des Menschen doppelt. Man kann es kaum begreifen und weiß nicht recht, wieso der Wanderer Mensch die Gärten, die ihm die Natur hier bereitet hat, mit solcher Unbefangenheit bewohnt. Sie sind ja nur für so kurze Zeit bewohnbar, für ein Zeitalter der Erdgeschichte, für einen glücklichen Tag.

Ich bin in der wohltuenden Abendkühle gelandet. Punta Arenas! Ich lehne an einem Brunnen und folge mit den Augen den Mädchen. So nahe solcher Anmut fühle ich das Wunder Mensch doppelt. Der Mensch allein baut um sich herum eine Einsamkeit, wo doch sonst in unserer Welt Leben so leicht zu Leben findet, wo sich die Blumen im Windstrich zu Blumen gesellen und alle Schwäne einander kennen. Wie sind wir doch im Geiste voneinander getrennt!

Ein Jungmädchentraum scheidet sie von mir; wie soll ich daran teilhaben? Was weiß ich von dem jungen Mädchen, das mit langsamen Schritten heimgeht, die Augen niedergeschlagen, sich selbst zulächelnd, den Kopf voll von liebenswürdigen Vorstellungen und süßen Träumen? Vielleicht hat sie sich aus den Gedanken, der Stimme, dem

Schweigen ihres Liebsten ein Königreich gebaut. Dann sieht sie alle Menschen außer dem einen als Wilde an. Ich spüre: sie ist in ihrem Geheimnis, in ihren Gewohnheiten, in dem singenden Nachhall ihrer Erinnerungen fester verschlossen, als wenn sie auf einem anderen Stern lebte. Gestern erst ward sie aus Vulkanen, aus grünem Gras oder aus dem Salzschaum des Meeres geboren. Mir erscheint sie schon halb mythisch.

Punta Arenas! Ich lehne an einem Brunnen. Alte Frauen kommen, Wasser zu holen. Vom Trauerspiel ihres Lebens werde ich nie etwas anderes erfahren als diese Mägdearbeit. Ein Kind weint leise vor sich hin, an die Mauer geschmiegt; von ihm wird in meiner Erinnerung nichts bleiben, als das Bild eines schönen, auf ewig untröstlichen Kindes. Ich bin fremd hier. Alles ist mir unbekannt. Königreiche sind mir verschlossen.

Auf welch winziger Bühne rollt das große Spiel des menschlichen Hasses, der menschlichen Freundschaften und Freuden ab! Woher haben die Menschen ihren Blick auf die Ewigkeit, wo sie doch vom Zufall auf eine noch warme Lava geworfen sind und schon vom andringenden Sand und Schnee bedroht werden? Ihre Kultur ist nur eine dünne Vergoldung, die ein Vulkanausbruch zerreißt, ein neues Meer wegwäscht, ein Sandsturm begräbt.

Wohl kann man sich einbilden, daß diese Stadt auf wirklich festem Boden ruht, reich und tief wie das Ackerland der Beauce, des Gartens von Frankreich. Aber man vergißt, daß hier wie überall das Leben ein Luxus ist, daß unter den Schritten der Menschen der Boden nirgends sehr fest und tief ist. Zehn Kilometer von Punta Arenas kenne ich einen Teich, der uns das erleben läßt. Rundum stehen verkrüppelte Bäume und kleine Häuser, so daß er wie ein Dorfteich aussieht. Und doch wirken auf ihn in unerklärlicher Weise die Gezeiten. Nacht und Tag atmet er langsam unter so viel friedlichen Wirklichkeiten.

Mit seinem Schilf und all den spielenden Kindern gehorcht er anderen Gesetzen: unter seinem glatten Spiegel mit dem einzigen alten Kahn arbeitet die Kraft des Mondes, das bewegte Meer beeinflußt in seiner Tiefe diese schwarze Wassermasse. Ein eigenartiger Stoffwechsel findet statt, von dort bis zur Magalhaesstraße, unter der Schicht von Gras und Blumen. Dieser Teich von hundert Meter Breite, dicht bei einer Stadt, in der man ganz im Reich der Menschen zu sein glaubt, hat den Pulsschlag des Ozeans.

III

Wir bewohnen einen Wandelstern. Manchmal zeigt er uns seine Herkunft; ein Teich, der mit dem Meer in Verbindung steht, läßt uns verborgene Verwandtschaft ahnen. Aber ich habe als Flieger noch mehrere dieser Zeichen kennengelernt.

An der Saharaküste zwischen Cap Juby und Cisneros überfliegt man von Zeit zu Zeit Tafelberge in Form von Kegelstümpfen, deren Breiten zwischen einigen hundert Schritten und dreißig Kilometer schwanken. Ihre Höhe ist auffallend gleichmäßig und beträgt dreihundert Meter. Wie die Höhe, so ist auch die Farbe, die Bodenbeschaffenheit und die Form des Abfalls die gleiche. Die Säulen eines alten Tempels, die aus dem Sande ragen, weisen die Spuren der zusammengebrochenen Fluchtlinie auf; gerade so zeugen auch diese einsamen Pfeiler von einer großen Hochfläche, die sie einst vereinigte.

In den ersten Jahren der Linie Casablanca-Dakar, als die Motoren noch unzuverlässig waren, zwangen uns Motorstörungen, Nachforschungen und Hilfsunternehmungen oft, im Aufstandsgebiet zu landen. Sand ist aber tückisch; man hält ihn für fest und sinkt ein. Auch die alten Salinen, die so fest scheinen wie Asphalt und unter dem Schuh hart aufklingen, geben manchmal unter dem

Gewicht der Räder nach, und dann öffnet sich die weiße Salzkruste über einem tückischen schwarzen Sumpf. Darum suchten wir nach Möglichkeit auf den ebenen Oberflächen der Tafelberge zu landen, die keine tückischen Gefahren verbargen.

Diese Sicherheit danken sie dem Vorhandensein eines festeren, grobkörnigen Sandes, einer Anhäufung kleiner Muschelschalen. Oben sind diese noch ziemlich lose; wenn man aber einen der Grate herabsteigt, kann man beobachten, wie sie sich immer stärker verkitten. In der ältesten Ablagerung am Fuß der Bergmasse bilden sie schon reinen Kalkstein. Zur Zeit, als Serre und Reine bei den Aufständischen gefangen waren, ging ich einmal auf einem dieser Notlandeplätze nieder, um einen mauretanischen Unterhändler abzusetzen. Ehe ich abflog, schaute ich mit ihm aus, ob auch ein Weg da war, auf dem er hinuntergelangen konnte. Aber unsere Tafel endete überall in einem Steilabfall, der senkrecht in die Tiefe ging mit Falten wie ein Vorhang. Ein Abstieg erschien undenkbar.

Und doch blieb ich noch ein wenig dort, ehe ich aufstieg, um eine andere Landungsstelle zu suchen. Ich empfand eine vielleicht kindliche Freude, mit meinen Spuren ein Land zu zeichnen, das noch nie ein Wesen, Mensch oder Tier entweiht hatte. Kein Mauretanier hätte je diese Festung bezwingen können, kein Europäer hatte das Land durchforscht. Ich beschritt also völlig jungfräulichen Boden. Als erster ließ ich den Muschelstaub wie edles Gold von einer Hand in die andere gleiten. Als erster störte ich das Schweigen dieses Ortes. Auf diesem Block, der, wie eine Eisscholle, solange er steht, keinen Grashalm hervorgebracht hat, war ich wie ein vom Winde verwehtes Samenkorn, der erste Zeuge des Lebens.

Schon leuchtete ein Stern, und ich sah ihn an. Ich dachte, wie die weiße Fläche, auf der ich mich befand, seit Hunderttausenden von Jahren nur den Sternen dargeboten war, ein fleckenloses Tuch unter den reinen Himmel gebreitet.

Da durchfuhr es mich wie einen Forscher im Augenblick einer großen Entdeckung: ich sah auf diesem Tuch kaum zwanzig Meter von mir einen schwarzen Kiesel.

Hier stand ich, auf einer dreihundert Meter dicken Schicht von Muschelschalen, die in ihrer gewaltigen Höhe als bündiger Beweis dem Vorhandensein irgendeines Steines widersprachen. Unten, in unterirdischen Tiefen, da mochten Kieselsteine schlafen, die von den langsamen Bewegungen der arbeitenden Erde gehoben wurden. Aber welches Wunder ließ einen von ihnen zu dieser viel zu jungen Oberfläche steigen? Mit klopfendem Herzen hob ich meinen Fund auf: ein harter schwarzer Stein von Faustgröße, schwer wie Metall und tropfenförmig ...

Auf ein Tuch, das man unter einem Apfelbaum ausbreitet, fallen Äpfel – ein Tuch unter den Sternen kann nur Staub von Gestirnen erhalten. Kein Meteor hatte je so eindeutig seine Herkunft dargetan wie dieser schwarze Stein.

Mir kam, als ich wieder aufsah, die Einsicht, daß von dem Himmelsbaum sicher noch mehr Früchte gefallen waren. Sie mußten noch an der Stelle liegen, wo sie hingefallen waren, denn seit Hunderttausenden von Jahren hatte sie nichts gestört. Sie gingen ja mit anderen Stoffen keine Verbindung ein. Ich machte mich auf die Suche, meine Vermutung zu überprüfen. Und sie stimmte. Ich fand Steine, so etwa einen auf den Hektar. Alle sahen aus wie versteinte Lava und waren hart wie Diamanten und schwarz wie Kohle. Meine Felstafel war wie ein Niederschlagsmesser für fallende Sterne. Ich erlebte so gleichsam eine packende Zeitrafferaufnahme des langsamen Feuerregens, der aus dem Weltraum auf die Erde niedergeht.

IV

Das Wunderbarste war aber doch, daß auf dem runden Rücken unseres Sterns zwischen diesem magnetischen Tuch und den Gestirnen ein menschliches Bewußtsein lebte, in dem dieser Regen sich spiegeln konnte. Auf urweltlichen Gesteinsschichten kann man nur Wunder träumen.

Mir kommt die Erinnerung an einen Traum.

Einmal war ich mitten im dichten Sand notgelandet und wartete auf den Morgen. Die goldgelben Hügel boten dem Monde ihre leuchtenden Seiten, die Schattenseiten aber stiegen schwarz bis zu der Lichtscheide empor. In dieser Riesenhalle aus Licht und Schatten herrschte der Friede der Arbeitsruhe, aber auch ein tückisches Schweigen, in dessen Mitte ich einschlief.

Beim Erwachen sah ich nichts als das tiefe Becken des Nachthimmels, denn ich lag mit ausgebreiteten Armen rücklings auf einem Dünengrat und sah ins Sternengewimmel. Ich war mir damals noch nicht so recht klar, wie tief dieses Meer ist, und so faßte mich der Schwindel, als ich es plötzlich entdeckte. Ich fand keine Wurzel, an die ich mich klammern konnte, und kein Dach und kein Zweig war zwischen diesem Abgrund und mir. Ich war schon losgelöst und begann hineinzufallen wie ein Taucher ins Meer.

Aber ich fiel nicht. Ich fühlte mich vom Kopf bis zu den Zehen mit unzählbaren Banden der Erde verknüpft. Es war beruhigend, ihr mein Gewicht zu überlassen: die Schwerkraft schien mir allgewaltig wie die Liebe. Ich fühlte, daß die Erde meinen Rücken stützte, mich hielt, mich hob und schließlich in die Weite der Nacht führte. Ich fühlte mich der Erde verbunden mit einem Druck, der dem glich, der uns in Kurven auf den Führersitz preßt. Ich genoß die herrliche Stütze, ihre Festigkeit und Sicherheit. Unter mir fühlte ich den gebogenen Rumpf meines Flugzeuges.

Das Gefühl, gehoben zu werden, war so deutlich, daß es mich nicht erstaunt haben würde, wenn in dem Schoß der Erde die Hebel und Streben gestöhnt hätten, so wie alte Segelschiffe knarren, wenn sie sich aufrichten oder anlegen, oder wie verärgerte Flußkähne mürrisch ächzen. Aber in der Tiefe der Erde blieb es still. Nur der Druck an meinen Schultern blieb, ausgeglichen, stetig, ewig gleich. Schwebend hing ich an der Erde wie die Leichen der Galeerensklaven an ihren Ketten auf dem Grund des Meeres. Ich überdachte meine Lage. Ich war verloren in der Wüste und furchtbar bedroht, nackt zwischen Sand und Sternen, fern von meinem Leben einem Übermaß von Stille ausgeliefert. Ich wußte, daß ich Wochen und Monate zur Rückkehr brauchen würde, wenn mich nicht ein Flugzeug fand oder gleich morgen die Mauretanier umbrachten. Hier besaß ich gar nichts, ich war nichts als ein armer Verirrter, der wohlig fühlte, daß er atmete.

Und dennoch durfte ich entdecken, wie reich an Träumen ich war. Sie kamen zu mir, lautlos wie das Wasser einer Quelle, so daß ich mir zuerst das Glücksgefühl nicht zu deuten wußte, das mich durchdrang. Keine Stimme war zu hören, keine Gestalt zu sehen, und doch fühlte ich, daß etwas bei mir war, eine nahe und schon fast erkannte Freundschaft. Plötzlich wußte ich, was es war, und gab mich mit geschlossenen Augen dem Zauber meiner Erinnerungen hin.

Da war ein Park, irgendwo, ein geliebter Park mit schwarzen Tannen und lichten Linden, und dabei stand ein Haus. Es war auf einmal ganz gleichgültig, daß alles dies so weit von mir entfernt war und mich nicht wärmen und nicht schützen konnte. Es war ja nur ein Traum. Es genügte, daß es dieses Haus gab, um meine Nacht mit seiner Gegenwart zu erfüllen. Ich war nicht mehr Strandgut auf wilder Küste, ich hatte ein Heim, ich war Kind im Vaterhause, mich umwehte die Erinnerung an seinen Geruch, an die Kühle in seinen Räumen, an die Stimmen, die es belebt hatten. Selbst das Froschgequake in den Teichen glaubte ich zu hören. Aller dieser Zeichen hatte es bedurft, damit ich erkannte, wieviel mir hier in der Wüste fehlte. Ich ahnte ihr Wesen und den Sinn dieser Stille, dieses tausendfachen Schweigens, in dem selbst die Frösche verstummten.

Aber nun war ich nicht mehr allein mit Sand und Sternen. Was ich um mich sah, sprach nur noch kühl zu mir. Sogar der Blick in die Unendlichkeit, den ich zu tun vermeinte, kam gar nicht aus der augenblicklichen Umwelt, wie ich erst geglaubt hatte. Ich merkte auch, woher er kam. Ich sah die großen schweren Schränke des Hauses wieder, die sich über Stapel schneeweißer Leinwand und eisgekühlter Vorräte schlossen. Die alte Haushälterin trabte wie eine Maus von einem zum anderen. Sie mußte die gebleichte Leinwand immer nachschauen, entfalten und wieder zusammenlegen und wieder und wieder zählen. Jedesmal rief sie: „Ach je, ach je!“ und „Mein Gott, wie schrecklich!“, so oft sie ein Zeichen des Verschleißes bemerkte, das bedrohlich andeutete, daß das Haus mit seinen Schränken nicht ewig stehen würde. Sie trippelte hin und trippelte her und zwischenhinein saß sie und verdarb sich die Augen an einer Lampe; denn sie mußte doch diese heiligen Altartücher ausbessern, diese unentbehrlichen Segeltücher flicken, im Dienst eines Größeren, als sie war, eines Gottes oder eines großen Schiffes.

Fräulein Sophie, von dir muß ich doch etwas reden. Bei der Heimkehr von meinen ersten Flügen, da traf ich dich jedesmal mit der Nadel in der Hand, bis über die Knie in deinen Meßgewanden, jedes Jahr hattest du einige Falten mehr, waren deine Haare etwas weißer. Immer aber warst du dabei, für unseren Schlaf Laken ohne Falten und für unsere so feierlichen Mahlzeiten Tischtücher ohne Naht vorzubereiten. Ich besuchte dich in deiner Wäschekammer, setzte mich zu dir und erzählte dir meine Abenteuer und Todesgefahren. Ich wollte dich erschüttern, deine Augen für die große Welt öffnen und dich deiner kleinen Welt abspenstig machen. Du sagtest, ich hätte mich gar nicht verändert. Die Hemden hätte ich mir schon als Junge zerrissen – wie schrecklich! – und die Knie hätte ich mir auch schon immer aufgeschlagen. Ich wäre auch damals schon oft heimgekommen, um mich verbinden zu lassen, genau wie heute. – Aber nein doch, Tante Sophie, nein, ich komme nicht bloß aus dem Park, ich bringe doch den herben Duft der Einsamkeit, den Wirbeltanz des Sandsturmes, den hellen Schein des Mondes in der Tropennacht mit! – Doch, doch, sagtest du, die Jungen rennen, brechen sich die Knochen und denken, sie wären Helden. – Aber nicht doch, Tante Sophie, ich habe mehr gesehen als nur den Park. Wenn du wüßtest, wie klein dies Schattenplätzchen ist, wie verloren im Sand, im Granit, im Urwald, im Ursumpf. Weißt du überhaupt, daß es Gegenden gibt, wo die Menschen die Büchse in Anschlag bringen, wenn sie einen anderen Menschen sehen? Weißt du, daß es Wüsten gibt, in denen man in kalter Nacht im Freien schläft, ohne Dach, Tantchen, ohne Bett und ohne Laken? –

Ach, du Wildfang! sagtest du.

Tantchens Glaube war so unerschütterlich wie der einer frommen Seele. Sie tat mir leid in ihrem engen Lebenskreise, der sie blind und taub machte. Aber in jener Nacht in der Sahara, die ich von allem entblößt zwischen Sand und Sternen zubrachte, ließ ich ihr Gerechtigkeit widerfahren.

Was geht denn in mir vor? Mein Gewicht bindet mich an den Boden, wo doch alle Sterne mich magnetisch anziehen. Aber wieder ein anderes Gewicht wirft mich auf mich selbst zurück und zieht mich zu so vielen fernen Dingen. Meine Träume sind wirklicher als der Mond, als die Dünen, als alles, was um mich ist. Oh, das Wunder des heimatlichen Hauses besteht nicht darin, daß es uns schützt und wärmt, es besteht auch nicht im Stolz des Besitzes. Seinen Wert erhält es dadurch, daß es in langer Zeit einen Vorrat von Beglückung aufspeichert, daß es tief im Herzen die dunkle Masse sammelt, aus der wie Quellen die Träume entspringen. Meine Sahara, die Erinnerung an meine alte Nähfrau hat dich verwandelt durch und durch!

Die Oase

Jetzt habe ich so viel von der Wüste erzählt, daß ich nun auch eine Oase beschreiben möchte. Diejenige, an die ich denken muß, liegt nicht etwa in der Sahara. Aber das ist nur ein neues Wunder des Flugzeuges, daß es uns sofort ins Unbekannte führt.

Eben noch war man ein eifriger Naturforscher hinter den Fenstern des Führersitzes und betrachtete kühlen Herzens die Städte in der Ebene, deren jede in einem Straßennetz sitzt wie eine Spinne. Aber dann hat die Nadel an einem Zifferblatt etwas gezittert, und der grüne Fleck dort unten ist zu einem Weltall geworden; das Kulturland ist ein grünes Rasenstück in einem ausgestorbenen Park.

Nicht der Abstand bestimmt die Entfernung. In der Enge unseres heimatlichen Gartens kann es mehr Verborgenes geben als hinter der Chinesischen Mauer. Das Herz eines kleinen Mädchens ist oft besser geborgen im Schweigen ihres Mundes als die Oasen der Sahara hinter weiten Strecken Sand.

Ich will von einer kurzen Zwischenlandung irgendwo in der Welt berichten. Zufällig fand ich meine Oase bei Concordia in Argentinien, sie hätte aber überall sonst sein können. Das Oasenerlebnis begegnet uns häufig genug.

Ich war auf einem Felde notgelandet und ahnte nicht, daß ich alsbald ein Märchen erleben sollte. Der alte Ford, in dem mich das friedliche Ehepaar, das mich aufgelesen hatte, heimfuhr, war nicht im geringsten auffällig.

„Wir behalten Sie zur Nacht!"

Nach einer Wegebiegung lag vor uns im hellen Mondlicht eine Baumgruppe und dahinter das Haus, und was für ein merkwürdiges Haus: untersetzt, massig, beinahe eine Burg, ein Sagenschloß, das freilich, sobald man erst drin war, einen so friedlichen und geborgenen Aufenthalt bot wie ein Kloster.

Da erschienen zwei junge Mädchen und sahen mich ernsthaft an, als ob sie wie Grenzhüter an einem verbotenen Königreich über die Einlaßsuchenden zu entscheiden hätten. Die jüngere verzog sogar das Gesicht und schlug mit einer grünen Gerte auf den Boden. Dann wurden wir einander vorgestellt, sie reichten mir wortlos die

Hände mit einem fast feindseligen Blick und waren verschwunden.

Der Auftritt machte mir Spaß und entzückte mich zugleich. Alles kam so einfach, still und schnell wie das erste Wort eines Geheimnisses.

„Sie sind verschüchtert“, meinte der Vater.

In Paraguay hatte mir eine Pflanze gefallen, die ihre kecke Nase zwischen den Pflastersteinen der Stadt hervorstreckt, als sollte sie im Auftrag des unsichtbaren, aber allgegenwärtigen Urwalds einmal ausschauen, ob die Menschen immer noch die Stadt bewohnten, oder ob der Augenblick schon gekommen wäre, alle die Steine zu stürzen und zu überwuchern. Solcher halber Verfall, ein Zeichen von übergroßem Reichtum, beeindruckte mich. Hier kam ich noch mehr auf meine Kosten. Alles war köstlich verfallen wie ein moosbedeckter, vom Alter rissiger Baum, wie eine Holzbank, auf der schon zehn Generationen von Liebespaaren gesessen haben. Die Täfelungen klafften, die Tür- und Fensterflügel hingen schief, und die Stühle waren krumm. Wenn man aber auch nichts ausbesserte, so wurde doch gescheuert, und nicht schlecht. Alles war sauber, geputzt und glänzend.

Das Empfangszimmer hatte einen Charakterkopf wie eine alte Frau mit eigenartig geprägten Runzeln. Risse in den Wänden, Spalten an der

Decke, alles gefiel mir. Und mehr als alles andere die Fußbodendielen, die stellenweise eingesunken waren, stellenweise schwankten wie ein Laufsteg; aber sichtlich waren sie regelmäßig gewachst, gebohnert und geflimmert worden. Nichts wirkte in diesem wunderbaren Hause vernachlässigt oder unordentlich, alles war achtunggebietend gepflegt. Dieser Reiz mußte von Jahr zu Jahr zunehmen, und von Jahr zu Jahr wurde dieses Gesicht sicher geprägter und eigenwilliger, die freundliche Luft wärmer; freilich wurde die Reise vom Empfangszimmer zum Eßzimmer auch immer gefährlicher.

„Geben Sie acht!“

Da war ein Loch. Mein Gastgeber machte mich darauf aufmerksam, daß ich mir in einem solchen Loch leicht die Beine brechen könnte. Weiter verlor man kein Wort. Denn an dem Loch hatte niemand schuld außer der Wirkung der Zeit. Diese herrliche Verachtung jeder Entschuldigung wirkte unglaublich vornehm. Niemand sagte hier: „Wir könnten ja die Löcher zumachen lassen, an Geld fehlt es nicht, wohl aber ...“ Niemand sagte mir, was doch die reine Wahrheit gewesen wäre: „Wir haben dieses Haus von der Stadt auf dreißig Jahre gemietet. Der Hauswirt müßte die Ausbesserungen bezahlen. Hier will aber niemand zuständig sein, und keiner will nachgeben.“ In diesem Haus standen die Leute hoch über solchen Erklärungen mit einer geradezu hinreißenden Selbstverständlichkeit. Höchstens sagte einmal einer oder der andere zu mir: „Es ist ein bißchen verfallen, wissen Sie."

Aber das sagte man so leicht hin, daß ich vermuten mußte, daß dieser Zustand meinen neuen Freunden nicht zu Herzen ging. Sie wollten gar keine Kolonne von Maurern, Zimmerleuten, Tischlern und Stuckarbeitern, die in ein paar Tagen das Haus umbauten, daß es kaum wiederzuerkennen war und man sich bei sich selbst zu Besuch fühlte. Ein Haus ohne Geheimnisse, ohne Falltüren, ohne Schlupfwinkel, ohne eine eiserne Jungfrau, die sich plötzlich vor einem öffnete, das war kein Haus, das war der Festsaal im neuen Rathaus.

Kein Wunder, wenn die jungen Mädchen in diesem Bau mit seinen tausend Verstecken spurlos verschwinden konnten! Wie mochte es auf dem Dachboden aussehen, wenn schon der Empfangssaal die heimlichen Reize einer Rumpelkammer hatte? Man ahnte, daß aus jedem kleinsten Fach Stöße vergilbter Briefe und verjährter Quittungen aus Urgroßvaters Zeit herausfallen würden; man konnte sich denken, daß es in diesem Haus mehr Schlüssel als Schlösser gab und doch kein Schlüssel in ein Schloß paßte. Bei solchen unnützen Schlüsselbünden muß man unwillkürlich von heimlichen Gängen, vergrabenen Truhen und unterirdischen Schätzen träumen.

„Zu Tisch, bitte!"

Und es ging zu Tisch. Von Raum zu Raum spürte ich denselben Geruch wie in alten Bücherspeichern, der in alle Winkel dringt wie Weihrauch und schöner ist als alle Düfte der Welt. Am herrlichsten war aber, daß man die Lampen überall mitnahm, schwere echte Lampen, die von Zimmer zu Zimmer wanderten wie in meiner frühesten Kindheit und an den Wänden fabelhafte Schatten tanzen ließen. Man trug sie vor sich her wie Blumensträuße von Licht und schwarzen Palmen. Und wenn dann die Lampen an ihrem Platz standen, waren auch die Lichtinseln fest in dem Meer von Nacht rundum, in dem die Bretter krachten.

Die beiden jungen Mädchen kamen ebenso geheimnisvoll und leise wiederum zum Vorschein, wie sie vorher verschwunden waren. Ernst und würdig setzten sie sich zu Tisch. Gewiß hatten sie ihre Hunde und Vögel gefüttert, die Fenster der sternklaren Nacht geöffnet und im Abendwind den Duft der Pflanzen geatmet. Jetzt beobachteten sie mich unter der Wimper hervor, während sie ihre Servietten ausbreiteten. Sie suchten zu ergründen, ob ich zu den freundlichen Haustieren gehörte oder nicht. Sie hatten nämlich ihren kleinen Tierpark, einen Leguan, eine Manguste, einen Fuchs, einen Affen und Bienen. Das lebte alles durcheinander, und es war herrlicher Frieden wie einst im ersten Paradies. Sie herrschten über die Tiere der Schöpfung, bannten sie mit ihren kleinen Händen, nährten sie, tränkten sie und erzählten ihnen Geschichten, denen alle, von der Miezekatze bis zu den Honigbienen, gern zuhörten.

Ich war darauf gefaßt, daß zwei so lebhafte junge Mädchen all ihren kritischen Geist und ihren ganzen Scharfblick anwenden würden, um in heimlichem Einverständnis zu einem schnellen und endgültigen Urteil über den männlichen Gast zu gelangen. In meiner Kindheit pflegten meine Schwestern die Männlichkeit nach den Nummern 11 bis 19 in immer höherem Werte einzustufen, und jeder bekam seine Note, der uns das erste Mal besuchte. In einer Gesprächspause hörte man dann durch die Stille plötzlich ein lautes „Elf!“, das nur meine Schwestern und ich verstanden und genossen.

Meine Kenntnis dieses Spiels ließ mich allerlei erwarten, und ich war beinahe etwas bedrückt, um so mehr als ich es mit so erfahrenen Richtern zu tun hatte, die heimtückische Tiere von anständigen unterscheiden konnten, die am Gang ihres Fuchses erkannten, ob er heute umgänglicher Stimmung oder unnahbar war; sie verstanden mir zu viel von dem, was in einem vorgeht.

Dabei gefielen mir so scharfe Blicke und so gerade kleine Seelen gut, ich hätte nur lieber gesehen, wenn das Spiel nicht gar so lange weitergegangen wäre. Demütig und in der Furcht vor der Elf reichte ich der einen das Salz oder schenkte der anderen ein. Sooft ich aber hinsah, traf ich immer denselben ernsten und unbestechlichen Richterblick. Ihnen schöne Sachen zu sagen, wäre verlorene Mühe gewesen. Eitelkeit der gewöhnlichen Sorte kannten sie nicht. Stolz waren sie allerdings und dachten auch ohne meine Schmeicheleien so hoch von sich, wie ich es ihnen nie gewagt hätte zu sagen. Ich versuchte auch nicht, mit meinem Beruf Eindruck zu machen, denn viel kühner als alle Fliegerei ist es, auf die höchsten Zweige einer Platane zu klettern, nur um zu sehen, ob die Brut im Vogelnest schon Federchen hat, oder um Freunden zuzuwinken.

Meine beiden schweigsamen Feen überwachten meine Mahlzeit so scharf, ich traf ihre forschenden Seitenblicke so oft, daß ich aufhörte zu reden. Alles schwieg und in dies Schweigen pfiff etwas auf dem Fußboden, raschelte unter den Tisch und war still. Da setzte die jüngere Schwester mit sichtlicher Freude an der Sache den letzten Prüfstein an. Während sie ihre jungen Zähne in das

Brot grub, sagte sie mit einer Harmlosigkeit, die sicher bestimmt war, den Wilden (wenn ich einer war) zu verblüffen: „Es sind die Giftschlangen."

Und sie schwieg, als ob diese Erklärung für jeden ausreichen müßte, der nicht von allen Geistern verlassen war. Ihre Schwester warf einen blitzschnellen prüfenden Blick zu mir herüber, um meine erste Bewegung zu beobachten. Beide aber neigten sich über ihre Teller mit den sanftesten und unschuldigsten Gesichtern der Welt.

„Ach so", sagte ich, „es sind Giftschlangen."

Die Worte fuhren mir nur so heraus. Es war an meinen Beinen entlanggefahren und hatte meine Waden gestreift. Das waren also die Giftschlangen. Zu meinem Glück lächelte ich dazu, und ganz ungezwungen. Den Zwang hätten sie gemerkt. Ich konnte aber lächeln, weil ich lustig war, weil mir dieses Haus mit jeder Minute mehr Spaß machte. Und auch weil ich über die Giftschlangen gar zu gerne mehr gewußt hätte.

Die ältere Schwester kam mir zu Hilfe: „Sie haben ihr Nest in einem Loch gleich unterm Tisch."

Und die jüngere fügte hinzu: „Gegen zehn Uhr kehren sie heim. Tagsüber jagen sie."

Nun sah ich meinerseits mir diese jungen Mädchen an. So klug und fein mit einem verschwiegenen Lachen hinter stillen Gesichtern.

Und mir kam die Herrschaft, die sie hier ausübten, wunderbar vor.

Heute träume ich mich zurück. Das alles liegt ja so weit, so weit. Was mag aus den beiden Feen geworden sein? Zweifellos haben sie geheiratet. Sind sie wohl anders geworden? Der Übergang vom jungen Mädchen zur jungen Frau ist ja so einschneidend. Wie mag es ihnen in ihrem neuen Heim gehen? Was ist aus ihrer Freundschaft mit tollen Pflanzen und giftigen Schlangen geworden? Sie waren ja allem und der ganzen Welt verbunden. Einmal aber kommt der Tag, wo die Frau im Mädchen mächtig wird. Dann sehnt sie sich danach, einen „Neunzehner" zu finden, der ihr Herz erfüllen kann. Da kommt ein Dummkopf, und zum ersten Male täuschen sich die sonst so scharfen Augen. Der Dummkopf wird verklärt mit den schönsten Farben. Sagt er Verse auf, hält man ihn für einen Dichter. Man glaubt, daß er die löcherigen Fußböden versteht und die Mangusten liebhat. Man glaubt, daß er sich geehrt fühlt, wenn unter dem Tisch eine Giftschlange zwischen seinen Beinen tanzt. Man schenkt ihm sein Herz und den wildwachsenden Garten, wo er doch nur die wohlgepflegten Parks liebt. Und der Dummkopf führt die Prinzessin fort – in die Sklaverei.

Die Wüste

I

So gut wie in der Oase, von der ich eben erzählte, ging es uns nicht ein einziges Mal in der ganzen Zeit, in der wir als Verkehrsflieger der Saharalinie auf Wochen, Monate, ja auf Jahre Gefangene des Sandes waren und von einer Wüstenfestung zur anderen flogen, ohne aus dem Bannkreis der Dürre je hinauszukommen. Oasen, wie die geschilderte, gab es in dieser Wüste nicht; Gärten und Mädchen waren eine ferne Sage. Gewiß, in weiter Zukunft, wenn wir einmal mit unserer Arbeit fertig sein würden, dann gab es einen Ort, wo wir aufleben wollten, wo wohl tausend Mädchen auf uns warteten. In der Stille bildeten sich bei zahmen Tieren und beschaulichen Büchern ihre schönen Seelen aus. Und von Tag zu Tag wurden sie schöner …

Inzwischen habe ich die Einsamkeit kennengelernt. Drei Jahre Dienst in der Wüste haben sie mir ausgiebig zu kosten gegeben. Sie ist gar nicht schrecklich, und in ihrer Gesellschaft empfindet man kein Grauen davor, die besten Jahre seiner Jugend in einem öden Steinland zu verbringen. Es kommt einem vielmehr so vor, als ob weit draußen die Welt alt würde. Die Bäume haben ihre Früchte gebildet, die Felder treiben ihre Ähren, die Frauen sind schön geworden im reifenden Jahr. Die Zeit fliegt, man müßte heimkehren! Die Zeit fliegt – und man wird in der Ferne zurückgehalten. Die Güter der Welt gleiten uns durch die Finger wie der Sand der Dünen.

Den Ablauf der Zeit empfinden die meisten Menschen für gewöhnlich gar nicht; sie sind von der Vergänglichkeit vorläufig auf freien Fuß gesetzt. Wir aber empfanden ihn, denn auf uns drückten ohne Unterlaß die ewigen Passatwinde. Es ging uns wie dem Reisenden im Schnellzug, dem der Lärm der Schienenstöße, die ihren Takt in die Nacht hinaussenden, die Ohren erfüllt. Er sieht durch seine Fensterscheibe hinaus ins Dunkle und ahnt an den zerstreuten Lichtern, daß Felder, Dörfer und stille Winkel an ihm vorüberfliegen, von denen er nichts behalten darf; er ist ja auf Reisen.

Auch wir fühlten uns trotz der Stille der Flughäfen ständig unterwegs. Ein leichtes Fieber machte einen überwach, und die Ohren waren noch immer erfüllt vom Motorengeräusch. Wir hatten das Gefühl, einer unbekannten Zukunft entgegenzureisen, denn pausenlos trug uns der Schlag unseres Herzens im Zug der steten, nie rastenden Winde.

Der Aufstand der Einheimischen verstärkte

die Wirkung der Wüste. In die stillen Nächte von Cap Juby klang alle Viertelstunden eine eigenartige Glocke: die Wachen riefen einander mit dem vorgeschriebenen lauten Rufe an. So sicherte sich die spanische Festung Cap Juby gegen die schleichenden Gefahren, die sich niemals ins Gesicht sehen ließen. Und wir, Fahrgäste auf diesem blindgesteuerten Schiff, wir lauschten dem Anruf, der von Posten zu Posten weitergegeben wurde und um uns kreiste wie der Schrei der Möwen.

Und dennoch liebten wir die Wüste.

Zuerst ist sie nur Leere und Schweigen, denn sie gibt sich nicht zu Liebschaften von einem Tage her. Schon in der Heimat hält sich das stille Dorf scheu zurück. Niemand kann es kennen, der nicht ihm zuliebe auf die ganze übrige Welt verzichtet, sich in seine Überlieferungen, seine Sitten, seine Streitigkeiten einlebt; und dabei ist es für so viele Menschen Heimat und Weltall zugleich. Noch tiefer einsam freilich ist der Mensch neben uns, der sich seine Klause gemauert hat und in ihr nach Ordensregeln lebt, die wir nicht kennen. Kein Lamakloster, keine erdenweite Entfernung kann eine solche Einsamkeit bieten, in die nicht einmal ein Flugzeug dringt. Und wenn wir schon gelegentlich die Zelle des Einsamen zu sehen bekommen, so ist sie leer und verrät uns nichts von dem inneren Reich ihres Bewohners.

So ist auch die Wüste nicht aus Sand gemacht, und nicht aus verschleierten Tuaregs, und nicht einmal aus gewehrtragenden Beduinen.

Das aber ist sie: wir haben einen ganzen Tag Durst gelitten, und plötzlich spüren wir zum allerersten Male, daß die Wasser des altbekannten Brunnens ständig fließen. Eine unsichtbare Frau kann ein ganzes Haus verzaubern; ein ferner Brunnen wirkt weit, weit, so weit wie die Liebe.

Das aber ist sie: die Sandmassen schienen erst so öde! Eines Tages aber fürchten wir einen Kriegszug der Aufständischen, und plötzlich entdecken wir, daß der Sand ein weiter, faltiger, verhüllender Mantel ist. Schleichende Streifscharen von aufständischen Berbern geben der Wüste ein neues Gesicht.

Diese Spielregeln haben wir angenommen und uns dem Spiel eingegliedert. Nun ist die Sahara in uns, und da erst zeigt sie sich. Ihr nahekommen, das bedeutet nicht, eine Oase besuchen. Vielmehr bedeutet es, an einen Brunnen tief und brünstig zu glauben.

II

Gleich auf meinem ersten Fluge sollte ich erfahren, was Wüste heißt. Wir, das heißt Riguelle, Guillaumet und ich, mußten bei dem Vorposten Nuatchott notlanden. Diese winzige Festung in Mauretanien war damals so einsam und fern von allem Leben wie eine Insel im Weltmeer. Ein älterer Unteroffizier lebte dort weltabgeschieden mit seinen fünfzehn Senegalschützen. Er empfing uns wie Abgesandte des Himmels: „Kinder, was das für mich bedeutet, daß ich mit euch reden kann, ach ja, was das für mich bedeutet!"

Und ob es für ihn etwas bedeutete – er weinte.

„Seit bald einem halben Jahr seid ihr die ersten. Alle halben Jahre werden nämlich meine Vorräte ergänzt. Einmal kommt der Leutnant, einmal der Hauptmann. Das letzte Mal war es der Hauptmann." Wir waren bestürzt. Zwei Stunden vor Dakar, wo man schon das Essen für uns kocht, bricht eine Pleuelstange, und schon wartet ein ganz anderes Schicksal auf uns: wir spielen die Rolle einer wundersamen Erscheinung bei einem alten Unteroffizier, der darüber weinen muß.

„Trinkt, Kinder, es macht mir ja solche Freude, einschenken zu können! Denkt euch nur, wie der Hauptmann das letzte Mal durchgekommen ist, da hatte ich keinen Wein zum Zutrinken. Jawohl, wir konnten nicht anstoßen! Ich habe mich so geschämt, daß ich um meine Versetzung eingekommen bin."

Ja, anstoßen muß man können, kräftig anstoßen mit dem Ankömmling, der schweißtriefend von der Kamelstute springt. Ein halbes Jahr hat man auf diese Minute gewartet. Seit einem Monat schon wurden die Waffen geputzt und der Posten vom Keller bis zum Boden gereinigt. Seit mehreren Tagen lagerte über allem das Vorgefühl des herrlichen Tages, und unermüdlich hatte das Auge da oben von der Terrasse des kleinen Festungswerkes das ganze Blickfeld abgesucht, um die Staubwolke zu entdecken, aus der sich dann die fliegende Schwadron von Atar entpuppte.

Aber es fehlt an Wein; das Fest kann nicht begangen werden, denn man kann nicht anstoßen. Da fühlt man sich entehrt. –

„Nun muß der Hauptmann aber bald wiederkommen. Ich warte schon sehr."

„Und wo ist denn dein Hauptmann, Unteroffizier?"

Er zeigt auf die weiten Sandwellen: „Das weiß man nie. Der Hauptmann ist überall."

Ich habe dieses kleine Erlebnis in einem meiner früheren Romane verwendet. Dieser Zug war aber kein Roman, er kam aus der Wirklichkeit. Wir haben die Nacht auf der Terrasse des befestigten Postens erlebt, auf der wir von den Sternen sprachen. Etwas anderes gab es ja auch nicht zu bewachen. Dafür waren sie auch so vollzählig da wie im Flugzeug, nur standen sie still.

Im Flugzeug tun sie das nämlich nicht. Dann kann es einem Flieger vorkommen, daß er in einer gar zu schönen Nacht zu steuern vergißt. Das Flugzeug legt sich etwas auf die linke Seite. Der Flieger freilich meint, daß es noch immer waagerecht liegt.

Da entdeckt er unter dem rechten Flügel die Lichter eines Dorfes; in der Wüste aber gibt es keine Dörfer. Dann ist es wohl eine Fischerflotte beim nächtlichen Fischfang? Aber mitten in der Wüste fahren keine Fischerboote. Was ist es dann, fragt sich der Flieger. – Ja dann, dann muß er über den Irrtum lächeln, behutsam richtet er sein Flugzeug wieder gerade. Das „Dorf“ kommt wieder an seinen Platz, und er hängt das Sternbild wieder ans Himmelsgewölbe, von dem er es hatte herunterfallen lassen, sein Sternendorf.

Oben von unserer Festung aus gesehen, war die Wüste erstarrt, und ihre Wogen standen unbewegt.

Die Sternbilder aber hingen fest am Himmel, und unser Unteroffizier sagte von ihnen: „Glaubt mir's nur, ich kenne meine Himmelsrichtungen.

Fliegt nur einmal auf den Stern dort drüben zu, dann kommt ihr nach Tunis!“

„Du bist wohl von dort?“

„Ich nicht, aber meine Kusine.“

Nach diesen Worten trat eine lange Pause im Gespräch ein. Aber der Unteroffizier konnte uns nichts verschweigen: „Ich gehe auch einmal nach Tunis, irgend einmal.“

Nun, dazu wirst du dir schon einen anderen Weg wählen als den, immer einem Stern zu folgen.

Es sei denn, daß dich eines Tages auf einem Wüstenmarsch ein versiegter Brunnen der Verzückung des Durstfiebers in die Arme treibt. Da würdest du wohl gar Kusine und Stern und Tunis für eines halten. Dann würdest du jenen von wahnsinniger Erleuchtung getriebenen Marsch antreten, den nur die für qualvoll halten, die es nicht besser wissen.

Doch er sprach weiter: „Einmal habe ich den Hauptmann um Urlaub nach Tunis gebeten, eben wegen dieser Kusine. Und da hat er mir geantwortet ...“

„Was hat er dir geantwortet?“

„Er hat mir geantwortet: Kusinen gibt es überall. Und weil es weniger weit war, hat er mich nach Dakar geschickt.“

„War deine Kusine schön?“

„Die in Tunis? O gewiß; sie war blond."

„Nein, die in Dakar!"

Ach, guter Unteroffizier, wir wären dir fast um den Hals gefallen wegen deiner Antwort, die so halb verdrossen und betrübt herauskam: „Die war eine Negerin."

Was war die Sahara für dich, Unteroffizier? Ein Gott, der stets zu kommen versprach, und eine sanfte blonde Kusine hinter fünftausend Kilometer Sand.

Und was war sie für uns? Das, was in uns reifte, was wir über uns selbst erfuhren. Wir haben gleich dir in jener Nacht eine tiefe Liebe empfunden zu einer Kusine und zu einem Hauptmann.

III

Port-Étienne, am Rande des ununterworfenen Gebietes, verdient den Namen Stadt nicht. Außer der Festung gibt es dort nur einen Flugzeugschuppen und eine Holzbaracke für unsere Mannschaften. Die Wüste rundum ist so von Kern auf Wüste, daß Port-Étienne trotz seiner geringen kriegerischen Mittel nahezu unbesiegbar ist. Die feindlichen Kriegszüge haben einen so breiten Gürtel von Sand und Glut zu durchqueren, ehe sie zum Angriff kommen, daß sie nur erschöpft und fast ohne Wasser anlangen. Und doch ist seit Menschengedenken immer eine kampfgierige Schar im Anmarsch auf die Festung, irgendwo im Norden. Jedesmal wenn der Hauptmann, der den Platz befehligt, bei uns ein Glas Tee trinkt, zeigt er uns ihren Vormarsch auf den Karten. Es klingt, wie wenn man von einer verwunschenen Prinzessin erzählt. Aber die Schar kommt niemals an, sie versickert im Sande wie ein Fluß, so daß wir sie unter uns die Geisterschar nennen. Ruhig liegen die Handgranaten und Patronen, die der Hauptmann allabendlich an uns ausgibt, in ihren Kisten unter unseren Betten. Unser einziger Feind ist die Stille, unser bester Schutz unsere Armut. Lucas, der Vorstand des Flughafens, läßt sein Grammophon bei Tag und Nacht gehen, und dieses spricht zu uns eine schon halb verlorene Sprache und weckt eine trübe Sehnsucht, die merkwürdig dem Durstgefühl ähnelt.

Heute abend haben wir auf der Festung gegessen, und der Hauptmann-Befehlshaber hat uns seinen Garten gezeigt. Er hat sich aus Frankreich drei Kisten wirkliche Erde kommen lassen, die viertausend Kilometer weit gereist ist. Darin pflegt er drei grüne Kräutlein, deren Blätter wir mit dem Finger streicheln wie große Kostbarkeiten. Wenn der Hauptmann von dieser Anlage spricht, nennt er sie seinen Park. Und wenn der Sandsturm weht und alles ausdörrt, wird der Park vorsorglich in den Keller gesetzt.

Wir hausen einen Kilometer von der Festung entfernt und kehren im Mondschein nach dem Essen heim. Im Mondenlicht ist der Sand rosig.

Einen Augenblick fühlen wir uns verlassen und arm. Aber der Sand ist so wunderbar rosig. Und nun stellt auch der Anruf einer Schildwache die dramatische Größe dieser Wüstenwelt wieder her. Die ganze Sahara fürchtet ja unsere Schatten und ruft uns an. Denn irgendwo im Norden ist ein Mauretanierzug unterwegs!

In diesem Anruf der Wache klingen alle Stimmen der Wüste wider. Diese ist eben doch kein leeres Haus. Eine kamelberittene Schar bewaffneter Mauretanier belebt ihre Nacht.

Man könnte sich hier so sicher wähnen. Dabei lauern so viele Drohungen, Krankheit, Unfall, Mauretanierhorden. Der Mensch ist ständig Zielscheibe für Schüsse aus dem Hinterhalt. Daran hat uns der Postenanruf des Senegalschützen erinnert.

Wir antworten: „Franzosen!“ und gehen an dem schwarzen Erzengel vorbei. Wir atmen freier.

Welch herrliches Gefühl schenkt uns die ferne Drohung, so fern, so unaufdringlich sie ist, gedämpft durch so viel Sand. Aber sie genügt: Die Welt ist nicht eintönig, die Wüste treibt Aufwand. Eine bewaffnete Schar, die irgendwo vorrückt und nie zum Ziele kommen wird, gibt ihr göttlichen Reichtum.

Jetzt ist es elf Uhr abends. Lucas kommt aus der Funkstation und meldet mir für Mitternacht das Flugzeug aus Dakar. „Alles wohl an Bord." Da kann die Post bis zehn nach Mitternacht in mein Flugzeug umgeladen sein und ich nach Norden abfliegen. Ich rasiere mich vor einem zerkratzten Spiegel. Von Zeit zu Zeit gehe ich, ohne das Handtuch vom Hals zu nehmen, zur Türe und spähe in den nackten Sand hinaus. Dann kehre ich zum Spiegel zurück und beende träumend meine Arbeit. In der Zeit, in der die Passatwinde nach monatelangem Wehen sich zur Ruhe begeben, gibt es nicht selten große Unordnung am Himmel. Wie wird es heute nacht? Ich schirre mich an: Notlampen am Gürtel, Höhenmesser und Bleistifte in die Taschen. Ich gehe zu Néri, der in dieser Nacht mein Bordfunker sein soll. Er rasiert sich auch.

„Alles in Ordnung?"

Für den Augenblick, ja. Diese vorbereitenden Handlungen sind ja schließlich das wenigste am ganzen Flug. Doch da höre ich ein leises Schwirren. Eine Libelle schlägt an meine Lampe. Ohne daß ich weiß warum, geht mir das nahe. Ich trete nochmals vor die Tür und halte Ausschau. Die Luft ist rein. Ein Steilhang am Ende des Flugplatzes hebt sich so scharf vom Himmel ab wie am hellen Tage. Über der Wüste liegt tiefe Stille wie über einem Hause, in dem alles in Ordnung ist. Aber schon wieder prallen zwei Libellen und ein grüner Schmetterling an meine Lampe. Und erneut regt sich in mir das dunkle Gefühl, gemischt aus Freude und Besorgnis, als ob jemand von sehr weither mit mir redete. Ist das Instinkt? Er treibt mich nochmals hinaus. Nun ist es ganz windstill und ebenso kühl wie vorher. Und doch habe ich eine Warnung erhalten. Ich ahne, oder glaube zu ahnen, was mich erwartet. Habe ich recht? Weder Himmel noch Sand geben mir ein noch so leises Anzeichen. Aber Libellen und ein grüner Schmetterling haben mir ctwas zugeflüstert.

Ich klettere auf eine Düne und setze mich hin, das Gesicht ostwärts gewendet. Und ich habe recht gehabt, ja es wird recht bald losgehen. Was täten denn auch sonst diese Libellen hier, Hunderte von Kilometern von den Oasen im Landinnern entfernt? Kleine Trümmer, die die Brandung an den Strand wirft, berichten von dem Taifun, der auf hoher See gewütet hat. Diese Insekten beweisen, daß ein Sandsturm naht, ein Oststurm, der die fernen Palmenwälder, die Heimat der grünen Schmetterlinge, heimgesucht hat. Schon hat der Schaum bis zu mir gespritzt. Ganz leise setzt sich der Ostwind in Bewegung; feierlich naht er, denn er ist ein Beweis, er ist eine furchtbare Drohung; feierlich naht er, denn in sich birgt er einen schweren Sturm. So leise kommt er zuerst, daß ich sein Ächzen nicht hören kann. Ich bin die äußerste Grenze, bis zu der seine Wellen branden. Wenige Meter hinter mir hätte ein Wimpel unbeweglich gehangen. Nur ein einziges Mal hat mich sein heißer Atem berührt, ein einziges Mal hat er mich mit lebloser Hand gestreichelt. Aber ich weiß genau: jetzt holt die Wüste einige Minuten lang tief Atem. Und dann wird sie zum zweiten Male seufzen. Ehe dann noch drei Minuten vergangen sind, wird sich der Luftsack über unserem Flugzeugschuppen blähen. Dann noch zehn Minuten, und Sand wird die Luft erfüllen. Wir werden im prasselnden Feuer aufsteigen, Néri und ich, in den Flammen der windgepeitschten Wüste!

Das bringt mich nicht aus der Ruhe. Aber etwas ganz anderes erfüllt mich mit wilder Freude. Ich habe die geflüsterten Worte einer Geheimsprache verstanden. Ich habe wie ein Indianer eine Fährte gewittert, in der sich die Zukunft meldete. Ich habe aus dem Flügelschlag einer Libelle die Kunde vom nahenden Wüstensturm gelesen.

IV

In unserem Wüstenaufenthalt kamen wir auch mit den ununterworfenen Mauretaniern in Berührung. Sie tauchten aus der Tiefe der „verbotenen“ Landstriche auf, die wir auf unseren Flügen überquerten. Sie wagten sich zu den Befestigungen von Juby oder Cisneros, um Zuckerhüte und Tee zu kaufen; dann verschwanden sie wieder in ihrer geheimnisvollen Welt. Wir aber versuchten, einige von ihnen zu „zähmen“, wenn sie vorbeikamen.

Bekamen wir einen einflußreichen Häuptling zu fassen, luden wir ihn im Einverständnis mit der Leitung der Fluglinien in unser Flugzeug, um ihm die Welt zu zeigen. Es kam viel darauf an, diesen Leuten ihren aufgeblasenen Stolz auszutreiben. Sie töteten ihre Gefangenen mehr aus Verachtung als aus Haß. Wenn sie uns in der Nähe der Festungen begegneten, verwünschten sie uns nicht laut. Sie wandten sich vielmehr schweigend ab und spuckten aus. Dieser Stolz kam daher, daß sie sich für ungemein mächtig hielten. Mehr als einer von ihnen sagte mir in vollem Ernst, wenn er ein Heer von dreihundert Mann auf die Beine gebracht hatte: „Ihr könnt von Glück sagen, daß Euer Frankreich mehr als hundert Tagereisen von hier entfernt ist."

So flogen wir sie denn spazieren, und es fügte sich, daß drei von ihnen sogar das ihnen unbekannte Frankreich besuchten. Sie waren vom Stamme derer, die ich einmal nach Senegal geflogen hatte und die dort weinten, als sie Bäume erblickten.

Als ich nachher die drei Frankreichfahrer in ihren Zelten besuchte, priesen sie die Revuetheater, in denen nackte Frauen unter Blumen tanzten. Diese Menschen hatten ja nie einen Baum und nie eine Quelle, ja nicht einmal eine Blume gesehen. Nur aus dem Koran hatten sie erfahren, daß es Gärten gibt, in denen Bäche fließen. Denn so beschreibt dieser das Paradies. Aber man muß den Aufenthalt in diesem Park mit seinen schönen Sklavinnen teuer genug durch einen bitteren Tod auf dem Sande erkaufen, den einem die Kugel eines Ungläubigen nach dreißig Jahren eines armseligen Lebens zufügt. Aber Gott betrügt seine Gläubigen; denn er gibt den Franzosen alle diese Schätze, ohne von ihnen die Gegenleistungen zu verlangen, weder den bitteren Durst noch den bitteren Tod. Das macht die alten Häuptlinge nachdenklich, es macht sie sogar bereit zu Geständnissen. Und so vertrauten sie mir eines Tages angesichts der Sahara, die sich einsam um ihr Zelt breitet und ihnen bis an ihr Lebensende so dürftige Genüsse spendet, ihre Bedenken an: „Weißt du, der Gott der Franzosen, der ist doch viel freigebiger für seine Franzosen als der Gott der Mauretanier für seine Mauretanier.“ Einige Wochen zuvor hatte man sie in Savoyen herumgeführt. Ihr Führer hatte sie zu einem kräftigen Wasserfall gebracht, der wie eine geflochtene Säule herabfiel und dumpf rauschte.

Er hatte sie aufgefordert zu kosten.

Und es war süßes Wasser gewesen. Wasser! Wie viele Tagemärsche braucht man hier, um den nächsten Brunnen zu erreichen. Wie viele Stunden lang muß man dann den Sand herausschippen, der ihn überweht hatte, um zu einer schlammigen Masse mit einer deutlichen Beimischung von Kamelharn zu gelangen.

Da heißt es: „Gib mir ein wenig Wasser!“ – „Ja, aber geh fein säuberlich damit um!“

In der Wüste ist Wasser sein Gewicht in Gold wert. Der kleinste Tropfen lockt aus dem Sande den grünen Funken eines Grashalms. Wenn es irgendwo geregnet hat, belebt eine wahre Völkerwanderung die Sahara. Die Stämme ziehen dreihundert Kilometer weit, um zur Stelle zu sein, wenn das Gras wächst. Dieses Wasser nun, das hier so karg ist, von dem in Port-Étienne in zehn Jahren kein Tropfen gefallen war, das kam dort dumpf rauschend geschossen, wie wenn die Wasservorräte der ganzen Welt aus einem lecken Speicher auszulaufen drohten.

Der Führer sagte: „Gehen wir weiter!" Sie aber rührten sich nicht von der Stelle und baten nur:

„Noch einen Augenblick!"

Weiter sprach keiner ein Wort. Stumm und ernst schauen sie dem Ablauf dieses erhebenden Schauspiels zu. Hier lief aus dem Bauch des Berges das Leben selbst, der heilige Lebensstoff. Der Ertrag einer Sekunde hätte ganze verschmachtende Karawanen zum Leben erweckt, die ohne ihn auf Nimmerwiedersehen in der unendlichen Weite der Salzseen und Luftspiegelungen dahingegangen waren. Hier zeigte sich Gott sichtbar. Unmöglich war es, einfach gleich weiterzugehen. Gott hatte die Schleusen seiner Macht geöffnet. Ehrfurchtsvoll, regungslos standen die drei vor dem Wunder.

„Weiter ist hier nichts zu sehen. Kommt!"

„Wir müssen warten!"

„Worauf denn?"

„Bis es aufhört."

Sie wollten die Stunde erwarten, in der Gott seine Verschwendung leid tat! Denn Gott ist geizig, er bereut schnell.

„Aber dieses Wasser läuft seit tausend Jahren!"

Während des Abends, den ich bei ihnen verbrachte, fiel kein Wort über den Wasserstrahl. Es gibt Wunder, von denen man besser schweigt. Man tut sogar besser daran, nicht zuviel an sie zu denken. Man versteht dann die Welt nicht mehr und könnte an Gott zweifeln: „Weißt du, der Gott der Franzosen . . ."

Ich durchschaue sie aber, meine wilden Freunde. Sie sind in ihrem Glauben erschüttert, sie haben ihren Halt verloren und sind bereit, sich zu unterwerfen. Sie träumen von der Gerste, mit der die französische Verwaltung sie versorgt, und von der Sicherheit, die ihnen die französischen Saharatruppen gewährleisten. Sie hätten durch die Unterwerfung auch viel gewonnen.

Aber sie sind alle drei vom Blute des El Mammun, Emirs der Trarsen. Ich habe ihn gekannt, als er sich der französischen Herrschaft fügte. Für seine Dienste war er zu öffentlichen Ehrungen gekommen, die Verwaltung erhöhte seinen Reichtum und alle Stämme achteten ihn. Nichts fehlte ihm an dem, was das Auge verlangen kann. Aber in der Nacht, ohne daß das leiseste Vorzeichen eine solche Tat ahnen ließ, ermordete er die Offiziere, die er auf einem Ritt durch die Wüste begleitete, nahm die Kamele und die

Gewehre und flüchtete zu den ununterworfenen Stämmen.

Man verwendet gerne das Wort Verrat für solche plötzlichen Empörungen, für diese zugleich heldischen und verzweifelten Fluchtversuche, deren Urheber damit für alle Zukunft als Vogelfreier in die Wüste gebannt ist, wo sein kurzer Ruhm nur zu bald wie eine Rakete unter dem Feuer der fliegenden Schwadron von Atar verlöschen wird. Und man wundert sich über solche wahnsinnigen Streiche.

Und doch ist die Geschichte El Mammuns so vielen anderen Muslim widerfahren. Sie werden alt, und wer altert, beginnt zu grübeln. Da entdecken sie eines Abends, daß sie den Gott Mohammeds verraten und ihre Hand befleckt haben, als sie in die Hand der Christen einen Handel gelobten, bei dem sie alles verloren.

Was nützen nun Gerste und Frieden? Der alte Krieger, der zum Hirten geworden ist, erinnert sich, daß er einst eine Wüste bewohnte, in der jeder Dünenrücken kostbare Gefahren barg, wo man Wachtposten um die Lager aufstellen mußte, wo die Nachrichten von den Bewegungen der Feinde die Herzen um die nächtlichen Lagerfeuer höher schlagen ließen. Es kommt über ihn wie der Seegeruch, den niemand vergessen kann, der ihn einmal genossen hat.

Er vergleicht diese herrlichen Erinnerungen mit seinem neuen Leben: ruhmlos irrt er über eine friedliche Fläche, der jede höhere Weihe fehlt. Die Sahara ist für ihn nun erst zur Wüste geworden.

Vielleicht verehrte er die Offiziere herzlich, die er umbrachte. Aber die Liebe zu Gott geht allem voran.

„Gute Nacht, El Mammun!"

„Gott schütze euch!"

Die Offiziere rollen sich in ihre Decken ein und strecken sich lang auf dem Sande aus wie auf einem Floße. Alle Sterne ziehen über ihnen ihren langsamen Weg an der großen Himmelsuhr. Der Mond neigt sich dem Sande zu und versinkt durch Gottes Weisheit ins Nichts. Bald werden die Christen schlafen. Nur noch wenige Minuten, und nur noch die Sterne leuchten. Dann ist es so weit. Damit die verweichlichten Stämme wieder in ihrem kriegerischen Glanze auferstehen, damit die wilden Jagden neu beginnen, die allein dem Sande Leben verleihen, bedarf es nur der schwachen Schreie dieser Christen, die man in ihrem eigenen Schlaf ertränkt. Noch ein paar Sekunden, und aus dem Unwiderbringlichen ist eine versunkene Welt neu geboren. Und die schmucken Leutnants werden im Schlafe umgebracht!

V

Heute bin ich Gast bei Kemal und seinem Bruder Mujan in Cap Juby und trinke meinen Tee unter ihrem Zelte.

Mujan sieht mich schweigend an und verharrt in grimmiger Zurückhaltung, den blauen Schleier vor die Lippen gezogen. Kemal allein besorgt die Unterhaltung und bezeugt mir Höflichkeiten: „Mein Zelt, meine Kamele, meine Frauen, meine Sklaven, alles gehört dir." Mujan neigt sich zu seinem Bruder, ohne darum die Augen von mir abzuwenden, und spricht einige Worte, um gleich wieder in sein Schweigen zurückzusinken.

„Was sagt er?" frage ich.

„Er sagt: Bonnafous hat den R'Geibar tausend Kamele gestohlen."

Diesen Hauptmann Bonnafous von der fliegenden Kamelreitergruppe von Atar habe ich niemals persönlich kennengelernt. Aber oft berichteten mir die Einheimischen von seiner sagenhaften Berühmtheit in der ganzen Sahara. Sie sprachen von ihm mit Ingrimm, aber doch wie von einem Gott. Er ist auch einer von denen, die dem Sande der Wüste seine höhere Weihe geben. Man weiß nie, ob er nicht am gleichen Tage schon auf unbegreifliche Weise plötzlich hinter den Kriegsscharen, die gegen das französische Gebiet im Süden ziehen, auftaucht und ihnen ihre Kamele zu Hunderten wegtreibt. Das zwingt die Angreifer dann, sich gegen ihn zu wenden, um ihre Schätze, die sie unbedroht geglaubt hatten, zu retten. Er aber, der wie ein Erzengel durch dieses plötzliche Erscheinen Atar gerettet hat, lagert auf einer hohen Kalktafel und steht dort still und fest, daß man meint, ihn greifen zu können. Seine Strahlungsgewalt ist so groß, daß er alle Stämme zwingt, sich seinem Flammenschwerte zu stellen.

Mujan sieht mich noch finsterer an und spricht wieder.

„Was sagt er?“

„Er sagt: Wir ziehen morgen auf den Rachezug gegen Bonnafous.“

Ich hatte etwas Derartiges geahnt. Seit drei Tagen wurden die Kamele fleißig zur Tränke getrieben, alles hatte laut gesprochen und Begeisterung war sichtbar geworden. Es wirkte, als sollte ein Segelschiff fahrtbereit gemacht werden, da der Landwind, der es auf die hohe See treiben konnte, schon zu wehen begänne. Bonnafous macht jeder Schritt nach Süden noch ruhmreicher und herrlicher. Ich kann schon nicht mehr unterscheiden, was in dieser Fehde Haß ist und was Liebe.

Es ist doch wundervoll, einen so trefflichen Feind auf der Welt zu haben.

Wo er erscheint, brechen die benachbarten Stämme ihre Zelte ab, treiben ihre Kamele zusammen und fliehen, voll Angst, ihm plötzlich von Angesicht zu Angesicht gegenüberzustehen.

Die entfernteren Stämme aber ergreift es mit einer Gewalt wie Liebeswahn. Sie verlassen die friedlichen Zelte, die zärtlichen Frauen, den ungestörten Schlaf. Sie wissen nur eines: das Höchste und Beste, das keinen Schatz der Welt aufwiegt, wäre, wenn man nach zwei Monaten aufreibenden Marsches nach Süden, nach brennendem Durst, nach schmerzlichem Warten, nach Stunden peinigenden Kauerns im Sandsturm, unverhofft im Morgengrauen über die fliegende Schwadron von Atar herfallen und mit Gottes Willen den Hauptmann Bonnafous töten könnte.

„Bonnafous ist stark“, gesteht Kemal zu.

Ich weiß ihr Geheimnis. Wie Männer den leichten Schritt der begehrten Frau nicht vergessen können und sich nächtelang ruhelos umherwerfen, weil dieser leichte Schritt sie in den Traum hinein quält, so verfolgt die Mauretanier Bonnafous’ ferner Schritt. Dieser Schritt im Burnus mit seinen zweihundert maurischen Söldner-Räubern umgeht die Kriegsscharen, die gegen ihn ziehen, er dringt ins Aufstandsgebiet, wo der letzte seiner Leute, fern der französischen Botmäßigkeit, aus seiner Knechtschaft erwachen könnte, um ihn ungestraft auf diesen riesenhaften steineren Altären seinem Gotte darzubringen; nur sein Ansehen hält sie im Zaum, und selbst seine Schwäche ist ihnen ein Schrecknis. In der Nacht, inmitten ihres rauhen Schlafes, schreitet er unsichtbar und kaltblütig auf und ab. Und sein Schritt klingt bis ins Herz der Wüste.

Mujan träumt vor sich hin. Er sitzt noch immer unbeweglich im Hintergrunde des Zeltes, wie ein Bildwerk aus blauem Granit. Seine Augen glänzen, sein silberner Dolch ist kein Spielzeug mehr. Er ist wie verwandelt, seit er sich dem Kriegszug angeschlossen hat. Er fühlt sich adliger denn je und vernichtet mich mit seiner Verachtung. Bald wird er ja gegen Bonnafous ziehen, noch ehe der Tag graut, getrieben von einem Haß mit allen Anzeichen der Liebe.

Nochmals neigt er sich zu seinem Bruder, spricht leise und sieht dabei wieder nach mir hin.

„Was sagt er?"

„Er sagt, daß er auf dich schießt, wenn er dich außerhalb der Bannmeile der Festung trifft."

„Warum denn nur?"

„Er sagt: Du hast Flugzeuge und Funkdienst, du hast Bonnafous; aber du hast keinen Teil an der Wahrheit.“

So beurteilt mich Mujan, der dort unter dem blauen Schleier unbeweglich wie ein Sternbild sitzt. Er sagt: Du ißt Salat wie die Ziegen und Schweinefleisch wie die Schweine. Deine Frauen zeigen schamlos ihr Gesicht. Ich habe es selbst gesehen.

Er sagt: du betest nie. Er sagt: Was nützen dir deine Flugzeuge, dein Funkdienst, dein Bonnafous, wenn du die Wahrheit nicht besitzt?

Ich muß diesen Mann bewundern: seine Freiheit verteidigt er nicht; denn in der Wüste ist jedermann frei. Er verteidigt auch nicht sichtbare Schätze; denn die Wüste ist kahl. Aber er verteidigt ein heimliches Reich. In der Stille der Dünenwogen führt Bonnafous seine Schwadron wie ein Räuber. Ihm ist zu danken, daß die Gegend um Cap Juby nicht ein friedlich-langweiliges Lager müßiger Hirten ist. Der Sturmwind Bonnafous brandet um ihre Hügel. Seinetwegen muß man nachts die Zelte schließen und Wachen aufstellen. Das tiefe Schweigen im Süden, dieses packende und erregende Schweigen – es ist das Schweigen von Bonnafous! Und Mujan, der alte Jäger, hört ihn gehen, draußen im Winde.

Als Bonnafous nach Frankreich heimkehrte, waren seine Feinde weit davon entfernt, zu frohlocken, und ehrlich betrübt. Es war, als wenn sein Weggang der Wüste einen Teil ihrer Daseinsberechtigung und ihnen selbst ein wenig von ihren höheren Lebenszielen nähme.

Und sie fragten: „Warum geht denn dein Bonnafous weg?"

Ich mußte erwidern: „Ich weiß es nicht."

Er hatte doch sein Leben gegen das ihre ausgespielt, jahrelang. Er hatte ihre Spielregeln zu den seinen gemacht. An ihre Felsen lehnte er das Haupt im Schlafe, wie sie erlebte er während der unaufhörlichen Jagd die urweltlichen Nächte unter Sternen und Wind. Und nun plötzlich zeigt er durch sein Weggehen an, daß es ihm mit dem Spiel nicht letzter Ernst gewesen war. Mit lässiger Haltung verläßt er den Spieltisch. Die Wüstenbewohner aber, die er allein weiterspielen läßt, verlieren ihr Vertrauen in eine Lebensauffassung, die offenbar die Menschen doch nicht bis zum bitteren Ende fesselt.

Sie möchten gerne an ihn glauben und fragten mich: „Er kommt doch wieder, dein Bonnafous?"

Und abermals mußte ich antworten: „Ich weiß es nicht."

Natürlich kommt er wieder, denken sie; die Spiele in Europa können ihn nicht mehr befriedigen, weder der Skat im Truppentransport noch die Beförderungen, noch auch die Frauen. Gewiß kommt er wieder, weil ihm die Erinnerung an die verlorene Größe keine Ruhe lassen wird. Er kehrt bald wieder heim in diese Gegenden, in denen jeder Schritt das Herz höher schlagen läßt wie ein Schritt auf die Liebe zu. Er hatte gewiß gemeint, hier nur ein Abenteuer erleben zu können und dort drüben das wirkliche große Spiel zu finden. Aber er wird schon merken, daß er die wahren Reichtümer hier in der Wüste besessen hatte: den Sand, die Nacht, die Stille, die Heimat von Wind und Sternen. Die Reue wird nicht ausbleiben.

Wenn dann Bonnafous eines Tages wirklich wiederkommt, dann wird sich die Nachricht mit Windeseile in der weiten unruhigen Welt herumsprechen. Dann werden alle wissen, daß er irgendwo in der Sahara inmitten seiner zweihundert Männer schläft. In aller Stille wird man die Kamele zur Tränke führen. Man wird die Gerstenvorräte nachsehen und die Schlösser an den Stutzen prüfen. Und dann geht es hinaus, getrieben vom Haß – oder von der Liebe?

VI

„Versteck mich doch ins Flugzeug nach Marrakesch!“ So bat mich jeden Abend ein Sklave mit derselben kurzen Bitte. Damit hatte er getan, was ihm lebensnotwendig war, und nun setzte er sich mit gekreuzten Beinen hin, mir meinen Tee zu kochen. Für einen vollen Tag war er jetzt befriedigt, denn er hatte sich dem einzigen Arzt anvertraut, der ihn heilen konnte, und den einzigen Gott angerufen, der ihn zu retten vermochte. Nun saß er da, über den Teekessel gebeugt, und vor seinen Augen zogen die einfachen Bilder seines früheren Lebens vorbei, der schwarze Fruchtboden von Marrakesch, die rosigen Häuser, die ärmlichen Habseligkeiten, die man ihm genommen hatte. Er war mir nicht böse, daß ich nicht antwortete und zögerte, ihm das Leben wieder zu schenken. Ich war ja nicht ein Mensch wie er. Ich war eine Naturkraft, die ganz sicher in Bewegung kam, so etwa wie eines Tages schicksalhaft guter Segelwind wehen mußte, auch für ihn.

Ich freilich, ein einfacher Verkehrsflieger und nun für einige Monate Vorstand des Flugplatzes in Cap Juby, dessen ganzes Hab und Gut eine Baracke bei der spanischen Festung und in dieser Baracke eine Waschschüssel, eine Kanne salziges Wasser sowie ein zu kurzes Bett waren, bildete mir weniger auf meine Macht ein. Ausweichend antwortete ich:

„Wir wollen zusehen, alter Bark."

Alle Sklaven heißen Bark, also hieß er auch so. Aber trotz vierjähriger Gefangenschaft hatte er sich noch nicht in sein Schicksal gefunden. Er wußte noch zu gut, daß er einst König gewesen war.

„Was tatest du denn in Marrakesch, Bark?"

In Marrakesch, wo seine Frau und seine drei Kinder sicher noch lebten, hatte er einen wundervollen Beruf ausgeübt. Er war Viehtreiber gewesen und hieß Mohammed. Die Stammeshäupter der Gegend pflegten ihn zu sich zu rufen und ihm zu sagen: „Mohammed, ich will Rinder verkaufen. Hole sie mir vom Berg!" oder: „Ich habe tausend Schafe in der Ebene, treibe sie höher hinauf auf die Weiden!"

Und Bark leitete mit seinem Herrscherstab aus Ölbaumholz ihre Wanderung. Er allein war für das ganze Volk der Schafe verantwortlich; er hielt die schnellsten zurück, weil hinten Lämmchen geboren wurden, und trieb die faulsten an. Und alle folgten ihm vertrauensvoll und gehorsam, wie er so seines Weges zog.

Er allein wußte ja, wo das gelobte Land für diese Herde lag, er allein verstand den Weg in den Sternen zu lesen, welche Wissenschaft den Schafen nun einmal versagt ist. Er entschied über Ort und Zeit der Rast, der Tränke und des Grasens aus seiner hohen Weisheit. Nachts betete er dann für sein Volk, bis an die Knie in Schafwolle stehend, gerührt von so viel Hilflosigkeit. Er war Arzt, Führer und Beherrscher der schlafenden Schar.

Eines Tages hatten sich einige Araber an ihn gewandt: „Komm mit uns nach dem Süden auf einen Viehtrieb!" Sie hatten ihn weit mitgenommen. Nach drei Tagen legten sie ihm in einem Hohlweg im Gebirge, unweit des Aufstandsgebietes, einfach die Hand auf die Schulter, tauften ihn Bark und verkauften ihn.

Ich kannte andere Sklaven. Denn zum Tee kam ich täglich unter die Zelte der Einheimischen. Dort genoß ich bloßfüßig und lang ausgestreckt auf dem dicken Wollteppich, der den Luxus und für einige Stunden die Bleibe der Wandervölker bildet, das Fortschreiten des Tages. In der Wüste fühlt man die Zeit verstreichen. Solange die Sonne brennt, ist man auf der Wanderschaft gegen den Abend zu, dessen kühler Wind die Glieder badet und allen Schweiß abwischt. Die große Tränke der Abendkühle kommt für Mensch und Tier so sicher wie der Tod. Darum ist in diesen Gegenden Müßiggang niemals Zeitvergeudung. Der ganze

Tag erscheint schön, gleich Straßen, die zum Meere führen.

Ich kannte die Sklaven. Sie treten ins Zelt, wenn der Herr den Herd, den Teekessel und die Gläser aus der schweren Schatzkiste herausgegeben hat, wo sie neben so vielen sonderbaren Dingen liegen, neben Vorhängeschlössern ohne Schlüssel, Blumenvasen ohne Blumen, alten Waffen, Groschenspiegeln und anderem Gerümpel, das an einen Schiffbruch erinnert, wenn man es auf dem Sande ausbreitet.

Dann füllt der Sklave schweigend den Herd mit trockenen Reisern, haucht auf die Glut, füllt den Kessel und läßt für diese Kinderarbeit Muskeln spielen, die Bäume entwurzeln könnten.

Er ist friedfertig; ihm gefällt der Betrieb: Tee kochen, Reittiere pflegen und essen. Am heißen Tag geht man auf die Nacht zu; unter den kalten Sternen aber freut man sich auf den sengenden Tag.

Glücklich sind die nördlichen Länder, denen die Jahreszeiten einen Traum von Schnee für den Sommer und ein Märchen der Sonne für den Winter schenken, während in den bedauernswerten Tropen die Schwitzkammern ständig geheizt sind. Glücklich ist aber auch die Sahara, wo Tag und Nacht den Menschen so einfach von einer Hoffnung zur andern schaukeln.

Manchmal hockt der schwarze Sklave vor der Türe und genießt den Abendwind. Aber in dem schweren Körper steigen keine Erinnerungen mehr auf. Kaum vermag er sich der Stunde der Gefangennahme zu erinnern, der Schläge, der Schreie, der zupackenden Hände, die ihn in seine umnachtete Gegenwart gestürzt haben. Seit jener Stunde dämmert er vor sich hin. Man hat ihm die breitfließenden Ströme des Senegal oder die weißen Städte Südmarokkos genommen; es ist, als wäre er erblindet. Die bekannten und vertrauten Stimmen sind ihm verstummt; es ist, als wäre er plötzlich taub geworden. Er ist nicht unglücklich, er ist krank. Was bleibt ihm von seiner Vergangenheit? Er ist eines Tages in die Kreise des Wanderlebens gezogen worden, er ist gebunden an die Wanderungen eines wilden Stammes, und für sein Leben folgt er den Schnörkeln, die dieser durch die Wüste zieht. Kein Wunder, wenn sein Einst, sein Heim, seine Frau und seine Kinder für ihn tot sind, als wären sie wirklich gestorben.

Menschen, die lange Jahre einer großen Liebe gelebt und diese plötzlich verloren haben, bekommen manchmal die Erhabenheit einsamer Trauer satt. Sie kehren reumütig zum Leben zurück und finden in einer Durchschnittsliebe ihr Glück. Der Sklave befriedigt seinen Ehrgeiz damit, daß er die Glut seines Herrn getreulich schürt. Er hat es für besser gefunden, zu verzichten, sich zu demütigen und seinen Frieden mit der Welt zu schließen.

Manchmal sagt der Herr zum Knecht: „Da, nimm!“ Das geschieht meist um die Stunde, in der mancher Besitzer zum Sklaven gut ist, weil alles sich entspannt und abkühlt. Und der Gefangene würde für ein Glas Tee voll tiefer Dankbarkeit die Knie des Herrn küssen.

Der Sklave trägt keine Ketten. Er braucht sie nicht. Er ist treu. Er verleugnet fügsam den entthronten König und ist nur noch glücklicher Leibeigener. Eines Tages freilich läßt man ihn los. Wenn er nämlich so alt ist, daß Nahrung und Kleidung an ihn nur verschwendet wären, dann läßt man ihm völlige Freiheit. Drei Tage lang bietet er sich vergeblich von Zelt zu Zelt rundum an. Täglich wird er schwächer und gegen Ende des dritten Tages legt er sich ergebungsvoll in den Sand, um nie wieder aufzustehen. Ich habe bei Juby Menschen nackt im Sande sterben sehen. Die Einheimischen gingen achtlos, aber ohne Grausamkeit an ihrem langwährenden Todeskampf vorbei. Ihre Kinder spielten dicht neben dem düsteren Wrack und liefen jeden Morgen nachzusehen, ob es sich noch bewegte. Aber sie verhöhnten den alten Diener nicht. Es war ja die natürliche Weltordnung, als ob man dem Sklaven sagte: „Du hast brav gearbeitet, nun darfst du dich ausruhen; geh zu Bett!“ Darum spürte der Mann, der dort lag, nur den Hunger und nicht die Ungerechtigkeit der Menschen. Der Hunger aber ist nur ein Schwindelgefühl, kein großes Leiden.

Dreißig Jahre Arbeit und dann das Recht auf Schlaf und ein Fleckchen Erde. Kein Wort der Klage hörte ich bei dem ersten, den ich so traf. Gegen wen auch hätte er klagen sollen? Ich spürte, daß er im Grunde dumpf einverstanden mit dem war, was ihm geschah. Der verlorene und völlig erschöpfte Bergsteiger bettet sich auf die weiche Fläche und versinkt friedlich in seine Träume und in den Schnee.

Mich bewegte darum auch nicht der Anblick des Leidens; denn ich glaube nicht daran, daß er litt. Aber der Tod eines Menschen läßt eine ganze unbekannte Welt untergehen, und so fragte ich mich, welche Bilder in diesem hier erloschen. Welche Pflanzungen im Senegal, welche hellen Städte Südmarokkos versanken hier langsam in ewiges Vergessen? Nichts ließ erkennen, ob sich in dieser schwarzen Masse nur jämmerliche kleine Alltagssorgen wie Teekochen und Viehtränken dem Ende näherten, ob hier wirklich nur eine Sklavenseele einschlief, oder ob die Pracht der Erinnerungen einen Menschen in seiner vollen Größe wieder erweckt hatte und ein solcher in seinem Glanze starb. Der harte knochige Schädel glich den alten Schatzkisten der Mauretanier. Wie diese verriet er nicht, welche bunten Seiden, welche festlichen Gefühle, was für Gefühle, die hier niemand kennt, in diesem dunklen Behältnis dem Schiffbruch entgangen waren. So blieb mir verborgen, welches Stück Welt sich hier in diesem Menschen im schweren Schlaf der letzten Tage auflöste, was in diesem Bewußtsein und diesem Leib langsam in Nacht und Grund versank.

„Ich war Viehtreiber und hieß Mohammed."

Bark, der dunkelhäutige Gefangene, war der einzige von allen, die ich kannte, der Widerstand leistete. Ihm ging es nicht darum, daß die Araber seine Freiheit genommen und ihn in einem Augenblick ärmer gemacht hatten als ein Neugeborenes. Auch Gottes Stürme vernichten oft in einer Stunde die Ernten der Menschen. Aber sie bedrohten ihn über seinen Besitz hinaus, sie wollten ihm sein Wesen nehmen. Er verzichtete aber nicht auf seine Persönlichkeit, wo doch so viele andere Verschleppte kampflos in sich einen Viehtreiber hätten sterben lassen, der das ganze Jahr schwer schaffen muß, um nur sein tägliches Brot zu verdienen.

Bark lebte sich nicht in die Knechtschaft ein, wie so mancher, des Wartens auf das große Glück überdrüssig, sich in ein Durchschnittsschicksal findet. Er wollte nicht aus der Güte des Sklavenhalters das Glück seiner Leibeigenschaft machen. Er bewahrte treu jenem Mohammed ben Lhaussin das Haus, welches er vor seiner Versklavung in dieser Brust bewohnt hatte, wenn er auch nun scheinbar verreist war. Das Haus trauerte über seine Leere, aber kein neuer Herr wurde hineingelassen. Bark handelte wie jener weißhaarige Torhüter, der im verlassenen Garten und in der Langweile der Einsamkeit an seiner Treue starb.

Er wagte nicht zu sagen: „Ich bin Mohammed ben Lhaussin“, sondern sagte nur: „Ich hieß Mohammed.“ Aber er träumte doch von dem Tage, an dem dieser vergessene Mensch auferstehen und mit einem Schlage den Sklaven Bark vernichten würde. Manchmal kamen in der Stille der Nacht die Erinnerungen über ihn mit der Urgewalt eines Kinderliedes. „Mitten in der Nacht“, berichtete uns unser arabischer Dolmetscher, „mitten in der Nacht spricht er plötzlich von Marrakesch und weint.“

In der Einsamkeit entgeht niemand diesen Heimsuchungen durch sein ganzes Ich. Plötzlich erwacht der andere Mensch in Bark, dehnt sich durch alle seine Glieder und ist ohne vorherige Ankündigung da. Dann sucht er plötzlich die Frau an seiner Seite, in dieser Einsamkeit, wo keine Frau je dem Sklaven nahekommt. Er hört die

Brunnen rauschen, in dieser Wüste, wo nie eine Quelle floß. Mit geschlossenen Augen meint er, in einem weißen, ortsfesten Hause zu wohnen, und das in einem Lande, in dem alle Menschen in Häusern aus Zelttuch leben und den Wind jagen.

Und zu mir kam Bark mit der ganzen Last von allem, was er einst geliebt hatte. Er wollte mir sagen, es sei soweit, daß seine alte Liebe nach ihm die Arme ausstreckte, er brauchte nichts mehr als heimzukehren, um seine Liebe an alle zu verschwenden. Ein Zeichen von mir würde genügen.

Und Bark lächelte und zeigte mir, wie ich das Ding drehen sollte. Offensichtlich hatte ich noch nicht daran gedacht: „Morgen ist Flugtag. Da versteckst du mich im Flugzeug nach Agadir!“ Armer alter Bark! Wir leben doch im Aufstandsgebiet, wie könnten wir ihm da zur Flucht verhelfen! Am Tage darauf hätten die Mauretanier durch irgendeine entsetzliche Bluttat den Raub und die Kränkung vergolten. Ich hatte wohl versucht, ihn loszukaufen, und die Monteure des Flugplatzes, Laubergue, Marchal und Abgrall, hatten mir ihre Hilfe angeboten. Aber es kam eben zu selten vor, daß ein Europäer einen Sklaven kaufen will. So versuchten die Einheimischen es auszunützen und verlangten zwanzigtausend Franken.

„Du willst dich wohl über uns lustig machen?“
„Sieh doch diese starken Arme!“
So waren Monate vergangen …

Endlich wurden die Mauretanier weniger anspruchsvoll, und mit Hilfe einiger Freunde aus der Heimat, denen ich von diesem Fall geschrieben hatte, sah ich mich in der Lage, den alten Bark zu kaufen.

Das waren schöne Unterhandlungen! Sie dauerten acht Tage. Wir saßen im Kreise, fünfzehn Mauretanier und ich. Ein Freund des Eigentümers von Bark, den auch ich zu meinen Freunden zählen durfte, der Räuber Sin Uld Rhattari, half mir heimlich.

„Verkaufe ihn doch“, riet er auf mein Anstiften, „du behältst ihn doch nicht mehr lange! Er ist krank. Äußerlich sieht man es ihm nicht an. Aber drinnen sitzt es. Warte nur, eines Tages schwillt er plötzlich an. Verkaufe ihn schnell dem Franzosen!“

Einem anderen Räuber, Radschi, hatte ich hohe Maklergebühren versprochen, wenn er mir zum Abschluß des Kaufes verhelfen würde. Der lockte nun seinerseits den Eigentümer: „Mit dem Geld kannst du Kamele, Gewehre und Schießbedarf kaufen. Damit kannst du einen Kriegszug ausrüsten und den Franzosen ins Land fallen. Von Atar bringst du dann drei oder vier ganz neue Sklaven mit. Stoße nur den alten da ab!“

Schließlich verkaufte man mir Bark. Ich setzte ihn für sechs Tage in unserer Baracke hinter Schloß und Riegel. Denn hätte man ihn vor Ankunft des Flugzeuges im Freien erwischt, wäre er sofort eingefangen und anderweit verkauft worden.

Aber ich nahm die Knechtschaft von ihm. Die Freilassung war abermals eine schöne Feier. Es erschienen der mohammedanische Ortsgeistliche und der Stammeshäuptling von Juby. Außer diesen beiden, dem Marabut und dem Kaïd, kam der ehemalige Besitzer von Bark. Diese drei Gauner, die ihn gerne zwanzig Meter von der Festung in Stücke gehackt hätten, nur um mich zu ärgern, umarmten ihn herzlich und unterzeichneten eine Urkunde.

„Jetzt bist du unser Sohn.“

Er war auch meiner, dem Buchstaben des Gesetzes gemäß.

Und Bark umarmte alle seine Väter.

Bis zu seiner Abreise lebte er nun in angenehmer Gefangenschaft in unserer Baracke. Zwanzigmal am Tage mußten wir ihm die einfache Reise erklären: in Agadir würde er aus dem Flugzeug steigen und bekäme gleich im Flughafen einen Fahrschein für die Kraftpost nach Marrakesch ausgehändigt. Bark spielte in diesen Tagen den freien Mann, so wie Kinder Forschungsreisende spielen. Es war der erste Schritt zum Leben; Kraftpost, Menschenmengen, das alles sollte er nun wiedersehen. Laubergue kam zu mir zugleich im Namen von Marchal und Abgrall. Bark dürfe doch nicht gleich nach der Ankunft Hungers sterben. Sie gaben mir darum tausend Franken für ihn; mit denen in der Tasche habe er dann Zeit, sich Arbeit zu suchen.

Ich mußte an die alten Damen der wohltätigen Werke denken, die ihre Nächstenliebe so ausüben, daß sie zwanzig Franken geben und dafür Dank verlangen. Laubergue, Marchal und Abgrall, einfache Flugzeugmonteure, gaben tausend, übten damit keine Nächstenliebe aus und verlangten noch viel weniger einen Dank. Sie handelten nicht einmal aus Mitleid, wie die alten Damen, die wähnen, dauerndes Glück zu spenden. Sie taten nur das ihre, einem Menschen seine Menschenwürde wieder zu verschaffen. Sie wußten so gut wie ich, wie schnell der Rausch der Heimkehr verfliegt, und daß der erste und unzertrennlichste Freund, der sich zu dem Heimkehrer gesellt, die Armut ist. In weniger als drei Monaten wird unser Bark auf einem Bahnkörper in saurem Schweiß Schwellen auswuchten. Er wird dabei sogar weniger glücklich sein, als er bei uns als Sklave in der Wüste war. Aber er darf dann wenigstens wieder er selbst unter den Seinen sein.

„Komm, Bark, sei wieder ein Mensch!"

Das Flugzeug zitterte startbereit. Bark sah ein letztes Mal in die trostlose Weite um Cap Juby. Vor dem Flugzeug standen gut und gern zweihundert Mauretanier, um zu sehen, was für ein Gesicht ein Sklave an der Schwelle des Lebens macht. Im Falle einer Panne hätten sie ihn übrigens schnell wieder.

Wir winkten unserem Kind von vierzig Jahren zum Abschied und sahen seinen Eintritt ins Leben nicht ohne Sorge.

„Leb wohl, Bark!" riefen wir ihm zu.

Aber er antwortete kurz: „Nein!"

„Wieso nein?"

„Ich bin nicht Bark. Ich bin Mohammed ben Lhaussin."

Wir hörten noch einmal von ihm durch den Araber Abdallah, der ihm auf unsere Bitte in Agadir weiterhalf. Da die Kraftpost erst abends fuhr, hatte Bark einen ganzen Tag für sich. Erst irrte er so lange und so wortkarg in der kleinen Stadt herum, daß Abdallah seine innere Unruhe spürte und teilnehmend fragte: „Was fehlt dir denn?"

„Nichts", sagte Bark.

Er schaukelte eben zu plötzlich auf der hohen See seiner Freiheit. Er fühlte seine Auferstehung noch nicht recht. Gewiß war in ihm ein dumpfes Glücksgefühl, aber außer diesem Glücksempfinden gab es keinen Unterschied zwischen seinem gestrigen und heutigen Ich. Und doch hatte er von nun an ein gleiches Recht auf die Sonne wie alle anderen Menschen, er durfte sich wie alle unter die Laubengänge des arabischen Kaffeehauses setzen. Er setzte sich auch hin und bestellte Tee für Abdallah und sich. Das war seine erste Tat als freier Mann. Diese Macht mußte ihn doch vor aller Welt verklären. Aber der Kellner schenkte ihm ein, ohne überrascht zu sein, als ob er das täglich tausendmal täte. Er bemerkte gar nicht, daß er einem freien Menschen die Weihe gab.

„Gehen wir weiter!" murmelte Bark.

Sie stiegen zum alten Sultanschloß, der Kasba, hinauf, das Agadir beherrscht.

Die kleinen berberischen Tanzmädchen kamen zu ihnen. Sie waren so sanft und zahm, daß Bark richtig auflebte. Sie würden ihn, ohne es zu ahnen, im Leben willkommen heißen. Sie nahmen ihn auch bei der Hand, sie boten ihm Tee. Aber sie taten es wie für jedermann. Bark wollte von seiner Auferstehung erzählen; sie lachten freundlich und waren glücklich mit ihm, weil er glücklich aussah.

Er fügte stolz hinzu, um sie in Erstaunen zu setzen: „Ich bin Mohammed ben Lhaussin!“ Aber das machte gar keinen Eindruck. Alle Menschen haben einen Namen, und manche kommen von weit her.

So führte er Abdallah wieder nach der Stadt zurück. Er bummelte an den jüdischen Läden vorbei und sah weit hin übers Meer. Er war sich bewußt, daß er nach Belieben hingehen konnte, wohin er wollte. Er war ja frei. Aber die Freiheit erschien ihm bitter. Denn durch sie bemerkte er erst, wie er so gar keine Bindungen an die Welt besaß.

Als da ein Kind vorbeikam, streichelte Bark ihm leicht die Backe. Das Kind aber lächelte. Es war eben kein Herrenkind, vor dem man sich schmeichelnd demütigt. Es war ein hilfloses kleines Mädchen, dem Bark eine Liebkosung schenkte. Und es lächelte dafür. Dieses Kind weckte Bark aus dem Zwiespalt seiner Gefühle auf. Er fühlte sich plötzlich wieder als jemand auf der Welt. Ein hilfloses Kind hatte ihm zugelächelt. Ein Gedanke begann in ihm zu arbeiten, und mit großen Schritten ging er weiter.

„Was suchst du?“ fragte Abdallah.

Und nochmals antwortete Bark: „Nichts.“

Aber als er an einer Straßenecke auf eine Gruppe spielender Kinder stieß, blieb er stehen.

Das war es! Er sah ihnen schweigend zu. Dann aber lief er zu den Läden und kam wieder, beide Arme voll Geschenke. Abdallah wurde unruhig und riet ihm: „Dummkopf, behalte doch dein Geld!“

Aber Bark hörte schon nicht mehr. Er winkte jedem der Kinder mit ernstem Gesicht. Kleine Hände streckten sich den Spielsachen, Armbänderchen und goldgestickten Pantöffelchen entgegen. Jedes Kind lief schüchtern davon, sobald es seinen Schatz festhielt.

Die anderen Kinder in Agadir hörten alsbald davon und kamen angelaufen. Bark kleidete alle mit goldenen Pantoffeln. Auch in der Umgebung lief das Gerücht um, und in den Dörfern erhoben sich gleichfalls Kinderschwärme und stiegen heran zu diesem schwärzlichen Gott und klammerten sich an seine Sklavenkleider. Alle, alle wollten ihr Teil haben. Und Bark verausgabte sich völlig.

Abdallah meinte, er sei vor Freude verrückt geworden. Ich glaube aber nicht, daß es ihm ein Bedürfnis war, sein Übermaß an Freude mit anderen zu teilen. Das Erlebnis, das sein Handeln bestimmte, würde ich ganz anders erklären. Er war frei und hatte mithin alles, was ein Mensch braucht, das Recht auf Liebe, das Recht hinzugehen, wohin er wollte, und sein Brot mit seiner Arbeit zu verdienen.

Das Geld brauchte er dafür nicht. Aber er fühlte mit derselben Stärke, mit der der Hunger über uns kommt, eine Sehnsucht, Mensch unter Menschen zu sein. Die Tänzerinnen von Agadir waren lieb mit dem alten Bark gewesen. Und doch war er von ihnen ebenso leichten Herzens gegangen, wie er gekommen war. Sie brauchten ihn ja nicht. Der arabische Ladendiener, die Leute auf der Straße, alle achteten in ihm den freien Menschen, alle gestanden ihm sein gleiches Recht an der Sonne zu. Aber kein einziger brauchte ihn. Er war frei, unbegrenzt frei, so frei, daß er nicht mehr fest und lastend auf der Erde zu stehen meinte. Es fehlte ihm die Bindung an andere Menschen, die unser Schreiten hindert mit Tränen, Zank und Freude, mit all dem, was ein Mensch liebkost oder schlägt durch jede Bewegung, die er tut. Es fehlten ihm die hunderttausend Fäden, die uns binden und uns mit ihrer Schwerkraft auf der Erde halten. Jetzt aber lag etwas auf Bark: Tausende von Hoffnungen! Sein Reich begann in der Herrlichkeit des Sonnenuntergangs über Agadir, in der sinkenden Abendkühle, die für ihn so lange Zeit seine einzige Freude, sein einziges Obdach gewesen war. Als die Stunde der Abreise nahte, schritt Bark in einer Flut von Kindern dahin wie weiland unter seinen Schafen. So pflügte er in seinem neuen Leben seine erste Furche auf der Welt. Morgen würde die Armut der Seinen ihn aufnehmen, und die Verantwortung für mehr Menschenleben, als vielleicht seine alten Arme nähren konnten, würde wiederkommen. Aber er hatte seine Erdenschwere wiedergewonnen. Er glich einem vom Himmel herabgestiegenen Engel, der das Leben der Menschen mitleben wollte; da er aber zu gewichtlos war für diese Erde, hatte er zu einem kleinen Betrug gegriffen und sich Bleistückchen in die Kleider genäht. So ging auch Bark mühsam weiter, zu Boden gezogen von tausend Kindern, die so notwendig goldene Pantöffelchen brauchten.

VII

Das ist die Wüste. Ein Koran, nichts weiter als eine Spielregel, verwandelt ihren dürren Sand in ein Kaiserreich. In ihren Tiefen, die sonst leer wären, rollt ein heimliches Schauspiel ab, das die menschlichen Leidenschaften wild aufwühlt. Das wahre Leben der Wüste sind nicht die Wanderungen der Völker, wenn sie ausziehen, etwas Weidegras zu suchen. Das wahre Leben ist eben jenes Spiel, das daneben gespielt wird.

Wie ungeheuerlich hat sich die Wüste seit ihrer Unterwerfung geändert! Es geht ihr nicht anders wie allem Menschenland. Angesichts dieser entzauberten Wüste denke ich an die Spiele meiner Kindheit, an den dunkeln und doch so leuchtenden Park, den wir mit Göttern bevölkerten, und an das Reich ohne Grenzen, das wir aus diesem Quadratkilometer niemals gänzlich durchforschten Landes schufen. Wir bildeten einen Kulturkreis für uns, in dem jeder Schritt seine Gesetze und jedes Ding seinen Sinn hatte, die sonst nirgends galten. Was bleibt aber von diesem Park der Kindheit mit seinen zauberhaften Schatten, wenn man als Mann unter anderen Gesetzen lebt? Kommt man dann wieder einmal in die Heimat zurück, geht man in einer Stimmung von Verzweiflung an der kleinen, grauen Steinmauer entlang und wundert sich, daß in einem so engen Raum das Gelände eingeschlossen sein kann, das einmal die Unendlichkeit war. Und schmerzlich muß man einsehen, daß man diese Unendlichkeit nie wieder finden wird. Es reicht nicht aus, wieder in den Park zu treten; man müßte in das Spiel selbst zurückfinden können.

Das Aufstandsgebiet besteht nicht mehr. Um Cap Juby, Cisneros, Puerto Cansado, Saget el Hamra, Dora und Simarra ist alles Geheimnis verschwunden. Die bunten Fernen, die wir ansteuerten, sind eine nach der anderen zur blassen Nähe geworden, so wie manche Insekten ihre Farben verlieren, wenn sie erst einmal in die warme Hand genommen werden. Und doch lebten wir nicht in eitler Verblendung, als wir ihnen zustrebten. Wir täuschten uns nicht, als wir ausgingen, sie zu entdecken. Der Sultan aus Tausendundeiner Nacht irrte sich ja auch nicht in seiner Suche nach dem Letzten und Höchsten, um dessentwillen seine Sklavinnen eine nach der anderen in seinen Armen vergehen mußten, noch ehe die Sonne aufging; denn sie hatten das Gold von ihren Flügeln verloren, kaum daß er sie berührt hatte.

Wir lebten vom Zauber des Sandes, andere werden Erdölquellen darin erbohren und sich mit Handel bereichern. Aber sie kommen alle zu spät. Die verbotenen Palmenwälder, der niemals zuvor betretene Muschelsand haben uns ihr Bestes gegeben. Die Sahara hatte nur eine heilige Stunde der Erhebung zu verschenken, und wir haben sie erlebt.

Der Durst

I

Einmal war es mir beschert, bis zum Herzen der Wüste vorzudringen. Auf einem Langstreckenflug nach Indochina blieb ich 1935 im

Sande stecken. Damals meinte ich, nicht lebend davonzukommen. Diesen Flug will ich ausführlich erzählen.

Über dem Mittelmeer stieß ich auf niedrige Wolken. Ich ging auf zwanzig Meter herunter. Regenschauer brachen sich an der Windschutzscheibe, und das Meer schien zu dampfen. Ich beobachtete mit angestrengter Aufmerksamkeit, um nicht etwa an einen Schiffsmast zu rennen.

Mein Bordmonteur, André Prévot, steckte mir die Zigaretten an, und wenn ich nach Kaffee rief, verschwand er hinten im Flugzeug, um mit einer Thermosflasche wiederzukommen. Ich trank und stupfte zwischenhinein den Gashebel, damit wir auf 2000 Umdrehungen blieben. Immer wieder wanderte das Auge über die Zifferblätter. Aber alle meine Untertanen waren artig, und jede Nadel stand, wo sie sollte.

Ab und zu warf ich einen schnellen Blick auf das Meer unter mir, von dessen regengepeitschter Oberfläche Dämpfe aufstiegen wie aus einer warmen Badewanne. Hätte ich in einem Wasserflugzeug gesessen, dann würde ich den hohen Seegang mit Verdruß vermerkt haben. Aber im Landflugzeug kann man unter keinen Umständen auf Wasser niedergehen, ob nun hoher Seegang oder glatte See unten liegt. Das Meer ist außerhalb meiner Welt, ein Motorausfall geht mich nichts an.

Er darf einfach nicht kommen, weil ich dafür nicht ausgerüstet bin.

Nach anderthalb Stunden Flug ließ der Regen nach. Die Wolken hingen freilich noch immer tief herab, aber das Licht begann durchzuscheinen wie ein freundliches Lächeln. Voll Bewunderung beobachtete ich diese langsamen Vorarbeiten des schönen Wetters. Über mir ahnte ich eine dünne Schicht weißer Wolle. Ich drehte ab, um die kommende Bö zu umfliegen. Wenn ich sie schon vorher sehen konnte, hatte ich es nicht mehr nötig, mich mitten in ihr Toben zu wagen. Und schon zeigte sich der erste Riß in den Wolken. Ich hatte ihn geahnt, bevor ich ihn sah. Denn ich bemerkte vor mir auf dem Meere einen langen wiesengrünen Streifen, eine Oase von einem seltsam leuchtenden und satten Grün. Ich erinnerte mich an die Gerstenfelder, die mir jedesmal das Herz bewegten, wenn ich aus dem Senegal nach dreitausend Kilometern Wüstenflug in fruchtbares Land zurückkehrte. Auch hier hatte ich das Gefühl, einen bewohnbaren Landstrich anzufliegen. Eine heitere Unbeschwertheit überkam mich. Ich drehte mich nach Prévot um und sagte: „Das wäre geschafft. Jetzt wird es besser.“

„Ja“, sagte er, „jetzt wird es besser.“

In Tunis unterzeichnete ich während des Tankens die Papiere. Aber in dem Augenblicke, in dem ich die Kanzlei verließ, hörte ich einen dumpfen Schlag, der fast wie das Aufklatschen eines Schwimmers auf dem Wasser klang. Noch in der gleichen Sekunde fiel mir auch ein, wo ich denselben Knall schon einmal gehört hatte. Es war bei einer Explosion in einer Garage, und der heisere Huster hatte damals zwei Menschen umgelegt. Ich drehte mich um und sah auf die Straße, die den Flugplatz entlang führt. Eine kleine Staubwolke rauchte, zwei raschfahrende Wagen waren zusammengerannt und standen nun plötzlich in eisiger Unbeweglichkeit erstarrt. Menschen eilten hin, Rufe flogen: „Telephonieren!“ – „Einen Arzt!“ – „Der Kopf!“

Mir zog sich das Herz zusammen. Das Schicksal hatte in dieser friedlichen Abendstimmung wieder einen Handstreich gewagt. Eine Schönheit war zerstört, ein Menschengeist oder gar ein Menschenleben. So haben auch die Meuchelmörder in der Wüste sich herangeschlichen; niemand hörte ihren leichten Schritt auf dem Sande. Dann flackerte im Lager der kurze Lärm des Gemetzels auf. Gleich darauf aber hatte sich wieder das Schweigen über die Wüste gebreitet, tiefes, goldenes Schweigen, tiefer, goldener Friede wie zuvor.

In meiner Nähe spricht jemand aufgeregt von einem Schädelbruch. Ich will diese blutige Stirn nicht sehen und von diesem hängenden Kopf nichts wissen!

Ich wende mich ab und gehe zu meinem Flugzeug. Aber im Herzen bleibt die Drohung lebendig. Auf mich wartet derselbe dumpfe Schlag. Bald soll ich mit 270 Stundenkilometern über das dunkle Hochland hinsausen, zum Treffpunkt mit dem heiseren Husten des Schicksals.

Auf nach Benghasi!

II

Auf! Wir hatten nur noch zwei Stunden bis Sonnenuntergang. Schon als ich Tunis anflog, brauchte ich keine Sonnenbrille mehr. Der Sand wurde golden und die Welt leer, so leer. Befruchtende Flüsse, angenehmer Schatten und Heimstätten von Menschen schienen mehr denn je Zufälligkeiten. Welche Massen von Felsen und Land dehnten sich vor uns aus!

Aber dies alles wurde mir fremd und immer fremder. Ich lebte in der Luft und fühlte das Nahen der Nacht. Sie führte uns nach den Regeln eines feierlichen Gottesdienstes in ein Nachdenken ohne Ausweg wie in eine Kirche. Die unheilige Welt verblaßte schon und wollte ganz verschwinden. Noch hatte das Land im blonden

Abendlicht einen Körper, aber er begann sich zu verflüchtigen. Nichts, aber auch nichts auf der Welt ist so kostbar wie diese Stunde. Alle werden mir zustimmen, die die unerklärliche Leidenschaft für das Fliegen mit mir teilen.

So ist dieses Erlebnis: langsam begebe ich mich der Sonne und der großen Flächen, die mich im Falle einer Notlandung aufgenommen hätten. Ich begebe mich der Richtpunkte, die mir einen Weg hätten zeigen können, der Schattenlinien der Berge gegen den Himmel, die mich an drohenden Klippen vorbeiführen konnten. Ich tauche in die Nacht und ziehe meine Bahn. Nur noch die Sterne gehören mir. Ganz allmählich vollzieht sich der Weltuntergang, ganz allmählich schwindet mir das Licht. Himmel und Erde verschwimmen ineinander, als ob die Erde emporstiege und wie Rauch die Luft erfüllte. Die ersten Sterne zittern noch wie durch grünliches Wasser. Erst viel später werden sie zu harten Diamanten, erst sehr viel später kommt zu mir das stumme Spiel der Meteore. Ich habe Nächte erlebt, in denen ihre Feuergarben so massenhaft fielen, daß es schien, als ob ein schrecklicher Sturm unter den Sternen wütete. –

Prévot versuchte die Lampen und Hilfslampen. Sie waren zu hell, und so umwickelte er die Glühbirnen mit rotem Papier. „Noch eine Schicht!“ bat ich, und er deckte noch eine Lage drüber und drehte die Lichter wieder an. Noch immer aber waren sie zu hell und überblendeten das allzu blasse Bild der Außenwelt. Sie zerstörten die kaum wahrnehmbare Sichtbarkeit, die oft auch in der Nacht den Dingen anhaftet.

Die Nacht war hereingebrochen, aber noch nicht die echte. Denn noch schien eine schmale Mondsichel. Prévot ging nach hinten und kam mit einigen Brotschnitten wieder. Ich pickte eine Weintraube ab. Hunger hatte ich nicht, weder Hunger noch Durst. Ich hätte so zehn Jahre weitersteuern mögen.

Und nun ist auch der Mond gestorben.

Benghasi an der italienischen Mittelmeerküste wurde in der schwarzen Nacht sichtbar. Es lag so abgrundtief in der Dunkelheit, daß seine Lichter keinen Widerschein am Himmel bildeten. So bemerkte ich es erst, als ich schon beinahe über der Stadt schwebte. Ich sah mich nach dem Flugplatz um, und im gleichen Augenblick leuchteten unten die roten Baken auf. Lichter umrahmten ein schwarzes Rechteck. Kerzengerade stand das Licht eines Scheinwerfers zum Himmel empor wie eine Feuersbrunst, schwenkte dann und legte sich lang auf den Boden. Es zeichnete eine breite goldene Linie auf den Flugplatz. Der Nachtdienst an diesem Flughafen ist wundervoll.

Ich drosselte und begann meinen Gleitflug wie eine Taucherfahrt in schwarzes Wasser.

Um 23 Uhr Ortszeit landete ich und rollte auf den Scheinwerfer zu. Die höflichsten Offiziere und Soldaten der Welt traten aus der schwarzen Nacht in das harte Licht und wurden plötzlich grell sichtbar, um sofort wieder unsichtbar zu sein. Man nahm mir meine Papiere ab und begann zu tanken. Kaum zwanzig Minuten würde mein Durchgang brauchen. Sie baten mich noch: „Nach dem Aufstieg fliegen Sie eine Kurve und kreuzen noch einmal über uns durch. Sonst wissen wir nicht sicher, ob Sie wirklich hochgekommen sind."

Auf also! Ich rollte auf der goldenen Straße hin, die mir der Scheinwerfer zu einer Schneise ohne Hindernisse baute. Mein Simoun-Flugzeug hob trotz Überlast schon lange vor dem Ende der verfügbaren Bahn ab. Der Scheinwerfer folgte mir und blendete mich beim Umwenden. Plötzlich ließ er von mir ab, denn unten hatten sie bemerkt, daß er mich störte. Ich drehte also um 180°, und schon faßte mich der Scheinwerfer wieder im Gesicht, aber nur für einen Augenblick. Kaum hatte er mich berührt, so lenkte er seine goldene Säule auch schon weiter. Ich spürte aus dieser Rücksicht die freundliche Gesinnung der Helfer unten.

Und nun ging es der Wüste zu. Die Wetterwarten von Paris, Tunis und Benghasi hatten mir Rückenwind von 30 bis 40 Stundenkilometer geweissagt. Ich durfte also für den Wüstenflug mit einer Geschwindigkeit von 300 Kilometern in der Stunde rechnen. Ich flog die Mitte der Linie Alexandria-Kairo an. So konnte ich die verbotenen Küstenlandschaften vermeiden und ungeachtet aller Abtrift, die ich auf diese lange Strecke nicht genau errechnen konnte, würde ich, sei es zur Rechten, sei es zur Linken, eine dieser beiden Städte aufleuchten sehen. Zumindest würden mich die Lichter des Niltales festhalten. Falls der Wind gleichblieb, brauchte ich zu dem Flug 3 Stunden 20 Minuten, wenn er nachließ, 3 Stunden 45 Minuten.

Mit solchen Überlegungen begann ich, 2000 Kilometer Wüste abzugrasen. Der Mond war weg, alles war schwarzer Teer bis zu den Sternen hinauf. Jetzt würde ich lange keine Feuer mehr sehen, keinen Zielpunkt mehr haben; ohne Funk an Bord hatte ich bis zum Nil kein Lebenszeichen zu erwarten. Ich wollte auch nichts ansehen als meinen Kompaß und meinen Höhenmesser. Alles war mir gleichgültig, außer den langsamen Schwingungen eines Zeigers mit Leuchtfarbe auf dem dunklen Zifferblatt des Gerätes. Wenn Prévot im Flugzeug hin und her ging, glich ich sorgsam die Gewichtsverlagerung wieder aus. Ich ging auf 2000 Meter Höhe, wo nach den Wetterberichten der günstige Wind wehte. Ab und zu zündete ich eine Lampe an, um die Instrumente, die vom Arbeiten meines Motors berichteten und von denen einige nicht selbstleuchtend waren, abzulesen. Meistens aber hüllte ich mich gut in Nacht unter meinen kleinen Leuchtnadelsternchen, deren Licht so sehr dem der Sterne oben am Himmel ähnelt. Der unerschöpfliche und heimliche Schein beider spricht für mich dieselbe Sprache. Ich lese ein Buch von der Himmelsmechanik wie ein Sternforscher, und als echter Wissenschaftler fühle ich mich von heiligem Eifer gepackt.

Die Außenwelt war völlig erloschen. Schließlich schlief sogar Prévot nach heldenhaftem Widerstand ein, und ich genoß meine Einsamkeit noch mehr, um mich das wohltuende Brausen des Motors und vor mir auf dem Instrumentenbrett meine stillen Sterne. Die Gedanken spannen sich aber immer weiter: jetzt hat sich der Mond uns entzogen, und wir haben keinen Funk an Bord. Kein noch so schwaches Band verbindet uns mit der Außenwelt, bis endlich unser großer Fisch im Lichternetz des Nils sitzt. So lange sind wir aus jedem Zusammenhang gelöst, und nur unser Motor hält uns inmitten dieses düsteren Teers in der Schwebe. Wir durchqueren das tiefe schwarze

Tal aus dem Märchen, wo jeder sich bewähren muß. Hier gibt es keine Hilfe, hier wird kein Fehler verziehen. Wir stehen ganz auf Gottes gutem Willen.

Ein störender Lichtstrahl drang durch eine Fuge im Gehäuse des Buglichtes. Ich weckte Prévot, sie zu beseitigen. Alsbald wälzte er sich, er nieste und kam an, um sich in kunstvolle Bauten aus Tüchern und Isolierband zu vertiefen. Schnell war der Lichtstrahl verschwunden. Dieses Licht hatte nicht die Freundlichkeit der blassen und fernen Leuchtzahlen und -zeiger. Es war ein Licht aus einem Nachtcafé und nicht von einem Stern. Vor allem aber blendete es und ließ andere und wichtigere Lichter verblassen. Drei Stunden flogen wir schon. Da sah ich ein Licht, wie mir schien, sogar ein grelles, auf meiner Rechten leuchten. Ich blickte hin: ein langer Leuchtschweif heftete sich an die Steuerbordlaterne. Bis jetzt hatte ich diese überhaupt nicht gesehen. Es war eine schwankende Helligkeit, bald kräftig, bald blaß. Das wollte sagen, daß wir durch Wolken flogen. Meine Lampe spiegelte sich in einer Wolke. Jetzt, wo ich meinen Zielpunkten am Nil so nahe war, wäre mir klarer Himmel weit lieber gewesen. Aber ich sollte ihn nicht bekommen. Nun wurde sogar der ganze Flügel von dem Lichtschein erhellt, dieser wurde ständiger, fester, strahlender und bildete ein rötliches Büschel. Kräftige Böen ließen mich schaukeln. Mithin flog ich eben in einer Haufenwolke, deren Größe ich nicht kannte. Ich stieg auf 2500 und kam nicht heraus; ich ging auf 1000 hinunter, und der Rosenstrauß an meinem Flügel blieb unveränderlich, ja er wurde eher noch strahlender. –

Sollte er, es war schon alles eins. Ich dachte an etwas anderes. Irgendwann kämen wir schon wieder heraus, und dann würden wir es ja merken. Aber angenehm war mir dies rote Licht aus einer Puffkneipe keineswegs.

Ich rechnete nach: „Daß ich hier ein bißchen tanze, ist ja soweit ganz in der Ordnung. Böen hat es den ganzen Tag über gegeben, trotz klarem Himmel und großer Höhe. Also hat sich der Wind nicht gelegt, und ich fliege bestimmt mehr als 300 Stundenkilometer. Aber schließlich weiß ich nichts Genaues und muß mich zurechtfranzen, wenn ich erst aus der Wolke bin."

Und draußen waren wir. Der Rosenstrauß war plötzlich davongeflogen, und an seinem Verschwinden erkannte ich die Befreiung. Das war aber auch alles, was ich erkannte. Es war nur ein schmales Himmelstal gewesen, und vor uns ragte schon die aufsteigende Bergwand der nächsten Haufenwolke. Schon blühte auch der Strauß wieder an einem Flügel.

Aus der Wolkenmasse kam ich nicht wieder hinaus, oder doch nur für Sekunden. Nach 3 Stunden 20 Minuten begann mich das zu beunruhigen. Denn ich mußte mich dem Nil nähern, wenn ich so schnell flog, wie ich erwartete. Mit etwas Glück konnte ich ihn aber vielleicht doch durch die Wolkenspalten erblicken. Deren gab es freilich wenige. Ich wagte nicht, noch tiefer zu gehen; denn falls ich weniger schnell geflogen war, als ich meinte, befand ich mich noch über Land, das mehrere hundert Meter über das Meer aufstieg.

Wirkliche Unruhe empfand ich noch nicht. Ich besorgte im schlimmsten Falle einen erheblichen Zeitverlust. Dennoch setzte ich meiner Seelenruhe eine äußerste Frist, nämlich 4 Stunden 15 Minuten. Nach dieser Flugzeit mußte ich selbst bei völliger Windstille, mit der gar nicht zu rechnen war, den Nil überflogen haben.

Sooft ich an Fransen des Wolkenvorhangs kam, warf das Strahlenbündel am Flügel hastige Blinkfeuer in die Dunkelheit hinaus. Ich fand diese Geheimzeichen an die Dämonen der Nacht äußerst unangenehm.

Ein grüner Stern tauchte vor mir auf und glänzte wie ein Leuchtfeuer. War es am Ende eines oder doch mir ein Stern? Auch diese unnatürliche Helle, dieser Stern der Weisen aus dem Morgenlande, war mir ehrlich unangenehm.

Prévot erwachte und beleuchtete die Zifferblätter des Instrumentenbrettes. Ich jagte ihn und seine Lampe weg. Denn eben kam ich in eine Kluft zwischen zwei Wolken und wollte die Gelegenheit benutzen, hinunterzuschauen. Darauf legte sich Prévot wieder hin und schlief ein. Es gab auch nichts zu sehen. –

Vier Stunden fünf Minuten waren wir jetzt unterwegs. Prévot kam zu mir vor und setzte sich neben mich:

„Eigentlich müßten wir in Kairo sein."

„Das will ich meinen!" antwortete ich.

Er aber fragte: „Ist das dort ein Stern oder ein Leuchtturm?"

Ich hatte den Motor ein wenig gedrosselt, und zweifellos hatte das Prévot geweckt. Die kleinste Veränderung des Motorengeräusches pflegt ihn zu erreichen. Ich begann langsam tiefer zu gehen, um unten aus der Wolkenmasse hinauszuspähen.

Vorher hatte ich meine Karte angesehen. Auf alle Fälle mußten wir jetzt über Gelände sein, das kaum über den Meeresspiegel aufragte. Es konnte also nichts geschehen. Ich ging immer tiefer und bog scharf nach Norden ab. Da mußte ich die Lichter der Städte unbedingt unter meine Fenster bekommen. Gewiß hatte ich sie bereits überflogen; sie würden also links erscheinen.

Endlich flog ich unter den Haufenwolken, aber entlang einer anderen Wolke, die weiter links noch tiefer hinabhing. Ich bog rechts aus, um ihr nicht ins Netz zu gehen, und flog nun die Richtung Nordnordost.

Trotzdem ging aber die Wolke tiefer hinab, und die Sicht wurde noch schlechter. Tiefer wagte ich nicht mehr zu gehen, denn nach meinem Höhenmesser war ich nur noch in 400 Meter Höhe. Es konnte auch weniger sein, denn ich hatte keine Ahnung von den Luftdruckverhältnissen in dieser Gegend. Prévot beugte sich suchend hinaus. Ich schrie ihm zu: „Ich gehe bis aufs Meer. Da kann ich ganz hinunter, ohne Gefahr, aufzurennen."

Es war übrigens durchaus möglich, daß wir schon über dem Meere flogen. Die Wolke war so dunkel und undurchdringlich, daß man nichts feststellen konnte. Ich preßte die Nase an die Scheiben und suchte in der Düsterkeit unter mir zu lesen, Leuchtfeuer oder andere Zeichen zu entdecken. Unter der Asche tastete ich nach einem Funken, nach einem bißchen Glut im Grunde des Herdes.

„Es ist doch ein Leuchtturm an der See!"

So sagte Prévot. Wir alle beide haben diesen spiegelfechterischen Trug zugleich gesehen! Welcher Wahn!

Was war denn dieser Geisterleuchtturm, diese Ausgeburt der Nacht! In dem Augenblick nämlich, in dem wir uns alle beide hinausbeugten, um ihn aus 300 Meter Höhe unter unserem Flügel wieder zu Gesicht zu bekommen, geschah es mit entsetzlicher Plötzlichkeit.

Ich glaube, ich habe nichts gesagt als: „Ah!“

Ich glaube, ich empfand nichts als einen furchtbaren Krach, der unsere Welt in den Grundfesten erschütterte. Wir waren mit 270 Kilometer Stundengeschwindigkeit auf den Boden aufgerannt.

Ich glaube, ich erwartete in dem Bruchteil einer Sekunde, der dem Aufprall folgte, weiter nichts als den riesigen Purpurstern der Explosion, die uns beide zermalmen würde.

Erregung empfand keiner von uns beiden. Ich beobachtete bei mir nur eine überscharf gespannte Erwartung und grenzenlose Gewißheit, daß der Leuchtstern kommen mußte, in dem wir uns noch in der gleichen Sekunde auflösen sollten.

Aber er kam nicht. Es gab nur ein Erdbeben, das unsere Kabine verheerte, die Fenster herausriß, Bleche hundert Meter weit schleuderte und uns bis ins Tiefste mit seinem Grollen erfüllte. Das Flugzeug zitterte wie ein Messer, das nach schnellem Flug in hartem Holze steckenbleibt. Wir aber wurden durch dieses Ungestüm unerhört scharf abgebremst.

Eine Sekunde.

Zwei Sekunden.

Noch immer zitterte die Maschine, und ich erwartete mit grauenhafter Ungeduld, daß ihre eigene Wucht sie zersprengte wie eine Granate. Aber die unterirdischen Erschütterungen mündeten nicht in einem Vulkanausbruch. Ich verstand das Geschehen nicht mehr, weder das Zittern, noch das Ungestüm, noch diesen unendlich scheinenden Aufschub.

Fünf Sekunden.

Sechs Sekunden.

Plötzlich begann sich alles zu drehen, ein neuer Stoß warf unsere Zigaretten zum Fenster hinaus, zerspellte unseren rechten Flügel und – dann kam nichts mehr, nichts als gefrorene Unbeweglichkeit. Ich schrie Prévot zu: „Schnell hinaus!"

Und schon hatten wir uns zu dem Fenster hinausgeschwungen, das der Aufprall weggerissen hatte, und standen zwanzig Meter von unserem Flugzeug entfernt.

Ich fragte Prévot: „Alles heil?"

Er antwortete: „Alles heil!" Aber er rieb sich das Bein. Ich schrie ihn an: „Bewegen Sie sich doch, fühlen Sie hin und sehen Sie zu, ob Sie dann immer noch sagen können: Alles heil!"

Da sagte er: „Es ist nichts. Nur der Feuerlöscher."

Ich erwartete immer noch, daß er plötzlich zusammenstürzen könnte, aufgeschlitzt vom Kopf bis zum Nabel. Er aber starrte auf das Flugzeug und sagte: „Nur der Feuerlöscher."

Da dachte ich: er ist verrückt; gleich fängt er an zu tanzen.

Prévot aber sah endlich von dem Flugzeug weg, das nun vor Feuersgefahr sicher war, schaute zu mir herüber und begann nochmals: „Es ist nichts. Nur der Feuerlöscher hat mich ans Knie geschlagen."

III

Daß wir lebten, ging gegen alle Vernunft. Ich verfolgte mit der Taschenlampe die Spuren unseres Flugzeugs auf dem Sand. Schon 250 Meter vor dem endgültigen Stillstand fand ich verbogene Eisenteile und Bleche, mit denen es auf seinem rasenden Rutsch den Sand besät hatte. Bei Tagesanbruch konnten wir dann feststellen, daß wir einen sanften Abhang beinahe oben am Gipfel der wüsten Sandtafel tangential berührt hatten. An der Aufschlagstelle war ein tiefes Loch in den Sand gepflügt. Ohne sich zu überschlagen, hatte das Flugzeug seinen Weg auf dem Bauche gemacht, sich windend und mit dem Schwanze schlagend wie ein grimmiges Reptil. Mit 270 Kilometer Geschwindigkeit war es dahingekrochen. Unser Leben verdankten wir zweifellos den runden schwarzen Steinen, die sich auf dem Sande leicht drehen und so eine Art Rollenbahn gebildet hatten.

Prévot unterbrach sofort alle Stromkreise der Akkumulatoren, da sonst durch Kurzschluß nachträglich noch ein Brand ausbrechen konnte. Ich aber lehnte mich an die Motorenhaube und dachte nach: Viereinviertel Stunden lang war ich in der Luft gewesen, und die ganze Zeit hatte der Wind geweht; denn ich war geschüttelt worden. Wenn er aber seit der Wettervoraussage die Richtung gewechselt hatte, mußte ich ihn nach jeder Richtung einrechnen. Das bedeutete bei einer Windgeschwindigkeit von fünfzig Kilometern, daß wir irgendwo in einem Viereck von vierhundert Kilometern Seitenlänge saßen.

Prévot setzte sich neben mich und sagte: „Eigentlich ist es auch ein Erlebnis, nicht tot zu sein."

Ich antwortete nichts und empfand auch keine Freude. Denn langsam brach sich ein Gedanke in meinem Kopfe Bahn und fing an, mich zu beunruhigen.

Ich bat Prévot, seine Lampe anzuzünden, damit ich zurückfinden könnte, und begab mich mit der

Taschenlampe auf eine Entdeckungsreise, die mir nötig schien. Ich ging langsam, zuerst geradeaus, dann in einem großen Halbkreis zurück. Ich leuchtete den Boden ab, als ob ich einen verlorenen Ring suchte. Mehrmals wechselte ich die Richtung, und wieder war es, als sollte ich unter der Asche einen Funken entdecken. Immer weiter ging es im Dunkeln; ängstlich beugte ich mich über den weißen Tisch, über den mich meine Füße trugen. Aber es stimmte, es stimmte nur allzu gut. Ich schlich nach dem Flugzeug zurück und versuchte, mir über unsere Lage klarzuwerden. Ich gab mir alle Mühe, einen Vorwand zu finden, nicht zu verzweifeln. Aber ich hatte nach einem Zeichen vom Leben ausgeschaut, und das Leben hatte mir kein Zeichen gegeben.

„Prévot, ich habe keinen einzigen Grashalm gefunden." Prévot sagte nichts, und ich wußte nicht, ob er die Tragweite meiner Worte verstanden hatte. Am Morgen würde sich der Vorhang heben, und dann war immer noch Zeit, davon zu reden. Ich fühlte mich nur müde und zerschlagen, und mir gingen die Worte im Kopfe herum: In 160 000 Quadratkilometern Wüste!

Plötzlich sprang ich auf: „Unser Wasser!"

Die Benzin- und Öltanks sind gerissen, die Wasserspeicher auch. Der Sand hat alles getrunken. Wir fanden schließlich noch einen halben

Liter Kaffee in einer zersplitterten Thermosflasche und einen Viertelliter Weißwein im Rest einer anderen. Wir filterten die Getränke durch, wobei wir sie mischten. Dann fanden wir noch einige Trauben und eine Apfelsine. Ich mußte rechnen: „In fünf Stunden Marsch unter der Sonne braucht man das auf!"

Dann ließen wir uns in der Kabine häuslich nieder, um den Tag zu erwarten. Ich streckte mich aus und suchte zu schlafen. Noch im Wegsacken aber zog ich die Summe aus unserem Erlebnis: Wir haben keine Ahnung, wo wir uns befinden, und wir haben keinen Liter Flüssigkeit. Wenn wir nicht gar zu weit von der vorgesehenen Rennstrecke sind, kann man uns in acht Tagen finden; mehr zu hoffen, wäre vermessen. Sind wir aber abgetrieben, findet man uns in einem halben Jahr. Auf Hilfe von Flugzeugen können wir also nicht rechnen. Sie werden uns auf der ganzen Strecke von 3000 Kilometern suchen.

„Schade!" meinte Prévot.

„Was denn?"

„Nun, es hätte so gut mit einem Schlage Schluß sein können."

Nein! Man darf nicht aufs Leben verzichten. Wir fassen uns nach einer Weile. Man darf die Möglichkeit einer wunderbaren Rettung auf dem Luftwege nicht aus den Augen verlieren. Man darf auch nicht müßig am Platze bleiben und womöglich die nahe Oase nicht finden. Wir wollen den ganzen Tag marschieren und dann zu unserer Maschine zurückkehren. Vor dem Aufbruch wollen wir aber unsere Marschrichtung in Riesenbuchstaben auf den Sand schreiben.

Mit solchen Gedanken rollte ich mich ein und schlief bis zum Morgen. Das Einschlafen schenkte mir eine fühlbare Erleichterung. Allerlei Besucher bevölkerten meinen leichten Schlaf, was bei der großen Ermüdung leicht verständlich ist. Ich war nicht allein in der Wüste, sie war belebt von Stimmen, von Erinnerungen und geflüsterten Mitteilungen. Noch hatte ich keinen Durst, das fühlte ich deutlich. Ich vertraute mich dem Schlaf an wie einem Abenteuer. Die Wirklichkeit mußte dem Traum Platz machen … Ach, bei Tagesanbruch verkehrte sich das grausam genug!

IV

Ich habe die Sahara von jeher geliebt. Ich habe manche Nacht im Aufruhrgebiet zugebracht und war schon öfters in dieser blonden Weite erwacht, der der Wind ihre Dünung gegeben hat wie dem Meer. Ich hatte schon früher, unter dem Flügel meiner Maschine schlafend, auf Hilfe gewartet. Aber so war es noch nie gewesen.

Wir gingen an den Hängen geschlängelter Hügelreihen hin. Der Boden war völlig mit einer Schicht glänzender schwarzer Kiesel bedeckt, die wie Metallschuppen aussahen. Alle Hügelkuppen rundum blitzten wie Harnische. Wir waren nicht nur in eine steinerne Welt geraten; wir waren in einer eisernen Landschaft gefangen.

Kaum waren wir über die erste Kette hinaus, als sich schon eine zweite, ebensolche zeigte, glänzend und schwarz. Wir ließen im Gehen die Füße schleifen, um Spuren zu hinterlassen, die unserer Rückkehr zum Leitfaden dienen sollten. Wir gingen der Sonne entgegen. Gegen jede Vernunft hatte ich nämlich beschlossen, scharf nach Osten zu marschieren. Denn eigentlich hätte ich überzeugt sein müssen, daß wir jenseits des Nils waren. Wettervoraussage und Flugzeit sprachen dafür. Aber ich hatte in aller Morgenfrühe einen kleinen Vorstoß nach Westen gemacht und dabei einen völlig unerklärlichen Widerstand verspürt. Daraufhin ließ ich den Westen für den nächsten Tag. Den Marsch nach Norden hatte ich mir für den Augenblick ganz aus dem Kopfe geschlagen, obwohl er zum Meer geführt hätte. Und noch am dritten Tage, als wir in halbem Fieberwahn beschlossen, unser Flugzeug endgültig zu verlassen und bis zum Zusammenbrechen geradeaus weiterzugehen, wandten wir uns nach Osten, genauer nach Ostnordost. Wir handelten dabei gegen alle Vernunft und Berechnung. Aber nach unserer Rettung mußten wir entdecken, daß uns keine andere Richtung je zur Heimkehr verholfen hätte. Nach Norden zu würden wir bei unserer Erschöpfung das Meer niemals erreicht haben. Wenn es auch unsinnig erscheint, will es mir bis heute scheinen, daß ich diese Richtung bei dem völligen Mangel an Anhaltspunkten, die unsere Wahl bestimmen konnten, nur deshalb wählte, weil mein Freund Guillaumet in den Anden sich in dieser Richtung gerettet hatte, während wir ihn so sehr suchten. Für mich war sie dadurch halb unbewußt die Richtung des Heils geworden.

Nach fünfstündigem Marsch veränderte die Landschaft ihr Gesicht. Ein Sandstrom schien in einem Tale dahinzufließen, und dieses Flußbett nahmen wir zum Wege. Wir schritten kräftig aus, denn vor der Nacht mußten wir so weit kommen wie möglich und wieder zurückkehren, wenn wir nichts entdeckten.

Plötzlich durchfuhr es mich siedend, daß ich jäh stehenblieb:

„Prévot! Unsere Spuren!"

Wie lange mochte es wohl sein, daß wir vergessen hatten, Furchenspuren zu ziehen? Wenn wir unsere Fährten nicht wiederfanden, bedeutete das den sicheren Tod. Wir machten kehrt, wichen aber ein wenig nach rechts ab, um nach angemessener Zeit senkrecht zu unserer Marschrichtung links abzubiegen. Da mußten wir unsere Spuren an einer Stelle schneiden, an der wir sie noch gezeichnet hatten.

Nachdem es uns so gelungen war, den Faden wieder anzuknüpfen, ging es weiter. Die Hitze stieg, und mit ihr begannen die Luftspiegelungen. Zunächst waren sie noch ganz harmlos. Große Seen bildeten sich und verschwanden, wenn wir uns ihnen näherten. Wir beschlossen, das Sandtal zu queren und die höchste Kuppe zu ersteigen, um recht weit ausschauen zu können. Wir waren schon sechs Stunden unterwegs und dabei aller Voraussicht nach mit unseren langen Schritten an die 35 Kilometer vorwärtsgekommen. Es war Zeit zur Umkehr. Wir setzten uns auf den Gipfel des schwarzen Rückens und schwiegen. Zu unseren Füßen mündete unser Sandtal in eine Sandwüste ohne Steine, deren blendende Helle uns in den Augen brannte. So weit man sehen konnte, breitete sich hoffnungslose Leere. Nur an der Grenze des Himmels führte uns das Spiel des Lichts seine Spiegelungen vor. Die waren jetzt ernsthafter, nahmen die Gestalt von Festungen an, von Minaretten in strenggeformten Massen mit senkrechter Linienführung. Ich bemerkte sogar einen großen schwarzen Flecken, der Pflanzenwuchs zu sein schien. Aber über ihm lagerte die letzte der Wolken aus der vergangenen Nacht. Der schwarze Fleck in der Landschaft war also nur der Schatten einer Haufenwolke.

Ein Weitergehen war zwecklos. Unser Versuch mußte als für diesen Tag gescheitert gelten. Es galt nur noch, zum Flugzeug zurückzukehren, zu dieser weiß-roten Bake, die vielleicht von den suchenden Kameraden bemerkt worden war. Obwohl ich gar keine Hoffnung in diese Nachforschungen setzte, schienen sie mir doch die einzige kleine Aussicht auf Rettung zu enthalten. Vor allem aber hatten wir unsere letzten Tropfen Flüssigkeit im Flugzeug gelassen. Und wir mußten unbedingt trinken. Wenn wir leben wollten, mußten wir zurück. Wir waren gefangen in dem knappen Bannkreis unseres Durstes. Ach, wie schwer ist es, auf einem Wege umzukehren, der vielleicht doch zum Leben führen könnte! Jenseits der Luftspiegelungen ist die Gegend vielleicht reich an wirklichen Städten, an Wasser und Wiesen. Ich war ganz sicher, daß wir nicht anders konnten als umzukehren. Und doch hatte ich in dem Augenblicke, in dem ich diesen furchtbaren Entschluß faßte, das Empfinden eines Schiffbruchs.

Und dann lagen wir wieder bei unserer Maschine. Mehr als 70 Kilometer Marsch hatten wir hinter uns, und unser Vorrat an Flüssigkeit war aufgebraucht. Im Osten war nichts zu entdecken, und kein Kamerad hatte die Gegend überflogen. Wie lange würden wir es aushalten? Wir waren schon so durstig!

Wir bauten einen großen Scheiterhaufen, wozu wir die Trümmer des zersplitterten Flügels verwendeten. Wir gossen die Reste von Benzin darüber und warfen Magnesiumbleche darauf, die einen harten, weißen Schein werfen. Dann warteten wir nur noch, bis die Nacht völlig schwarz über uns hing, um unsere Brandfackel zu entzünden. Aber wo waren die Menschen, die sie rufen sollte?

Kerzengerade stieg die Flamme empor. Ehrfurchtsvoll betrachteten wir unsere lodernde Feuersäule, unseren stummen und leuchtenden Boten. Er trug nicht nur einen Hilferuf hinaus, sondern auch ein inniges Liebesgeständnis. Gewiß verlangten wir zu trinken, wir riefen aber nicht minder nach Anschluß. Ein anderes Feuer sollte in der Nacht antworten. Nur Menschen haben ja das Feuer in ihrer Gewalt, ein Feuer ist Menschenrede. Ich erblickte im Geiste die Augen meiner Frau. Sie sahen mich fragend an, so daß ich nur noch diese Augen sehen konnte. Und es kamen die Augen aller derer, denen vielleicht an mir gelegen war. Alle sahen mich fragend an. Eine Versammlung von Augen warf mir mein Schweigen vor. Und ich antwortete doch! Hört ihr denn nicht? Ich antworte, ich antworte, so laut ich kann. Ich kann doch keine hellere Flamme in die Nacht hinaussenden!

Ich habe getan, was ich konnte. Wir haben getan, was wir konnten. Siebzig Kilometer sind wir gegangen, fast ohne zu trinken, und jetzt werden wir nie wieder trinken. Können wir denn etwas dafür, daß wir nicht lange genug ausharren? Wie gern wären wir ruhig und geduldig dageblieben und hätten aus vollen Feldflaschen in uns hineingetankt. Aber wir durften nicht. Von dem Augenblick an, wo ich den Grund meines Zinnbechers gesehen habe, hat eine Uhr zu laufen begonnen, die nicht wieder aufgezogen wird. Mit der Sekunde, in der ich den letzten Tropfen geschluckt habe, begann der Abstieg. Nun trug uns die Zeit wie ein Fluß, und wir konnten nichts dazu tun.

Prévot weinte. Ich schlug ihm auf die Schulter und sagte, um ihn zu trösten: „Futsch ist futsch, mein Lieber!“

Und er antwortete: „Glauben Sie doch nicht, daß ich meinetwegen heule!“

Nichts, was einem selbst geschieht, ist unerträglich. Das hatte ich schon früher entdeckt, und wieder und wieder sollte ich es in jenen Tagen erfahren: nichts, was einem selbst geschieht, ist unerträglich. Ich glaube nur halb an die Wirklichkeit des Leidens. Eines Tages war ich in der Kabine eines im Wasser versinkenden Flugzeugs eingeschlossen und meinte zu ertrinken. Viel gelitten habe ich nicht dabei. Manches liebe Mal war ich überzeugt, daß es mit mir gleich aus sein würde. Aber nie erschien mir das als ein bedeutendes Ereignis. Auch in dem gegenwärtigen Abenteuer lernte ich keine Angstqualen kennen. Ja, ich sollte noch viel merkwürdigere Erkenntnisse mitnehmen.

„Glauben Sie doch nicht, daß ich meinetwegen heule!" Ja, das war es. Etwas ganz anderes als unser Schicksal war unerträglich. Jedesmal, wenn ich die wartenden Augen sah, brannte es mir im Herzen, packte mich der rasende Wunsch, aufzustehen und geradewegs loszustürzen. Dort drüben schreien sie ja um Hilfe, dort drüben leiden sie Schiffbruch!

So eigenartig kehrten sich die Rollen um! Ich erlebte es, nachdem ich es schon immer geahnt hatte, und Prévot mußte es mir bestätigen. Auch ihm blieb die Todesfurcht fremd, von der man so viel redet. Aber dieses andere war unerträglich, für ihn wie für mich. Ich kann mich gut damit abfinden, einzuschlafen, für eine Nacht wie für Jahrhunderte. Wer einschläft, merkt den Unterschied gar nicht. Auf alle Fälle ist es nachher so still und friedlich. Aber die Schreie von dort drüben, diese entsetzlichen Ausbrüche der Verzweiflung, die kann ich nicht ertragen. Vor solchem Unglück kann ich nicht mit verschränkten Armen stehen. Jede Sekunde, die ich ruhig verharre, ist Mord an denen, die mir die Liebsten sind. Mich faßt die Wut: was bindet mich denn? Welche Ketten hindern mich, zur rechten Zeit anzukommen und den Scheiternden Hilfe zu bringen? Warum meldet denn unser Feuer nicht bis ans Ende der Welt die Botschaft: Wir kommen! Wir kommen! Die Retter sind da!

Das Magnesium ist verzehrt, und unser Feuer wird rot. Es ist nur noch ein Gluthaufen, an dem wir uns wärmen. Unsere große, leuchtende Botschaft ist verstummt. Was hat sie ausgerichtet? Ach, wir wissen nur zu gut, daß sie nichts ausgerichtet hat. Sie war ein Gebet, das nicht erhört werden konnte. Gut. Jetzt lege ich mich schlafen.

V

Am frühen Morgen konnten wir auf den Flügeln unserer Maschine ein wenig Wasser mit Lappen zusammenwischen. Es stand nicht hoch im Glase und war mit Farbe und Öl widerlich gemischt. Wir haben es aber doch getrunken. Zumindest die Lippen waren feucht.

Nach diesem Gelage sagte Prévot: „Zum Glück haben wir noch den Revolver."

Diese Äußerung brachte mich sofort in Harnisch, und ich wandte mich mit bösartiger Feindseligkeit nach ihm um. Nichts wäre mir ekelhafter gewesen, als eine Gefühlsduselei in diesem Augenblick. Jetzt mußte unbedingt alles einfach sein, das verlangte ich. Geborenwerden ist einfach, Wachsen ist einfach; auch Verdursten ist einfach.

Ich schielte lauernd auf Prévot, innerlich bereit, ihm nötigenfalls kränkende Worte an den Kopf zu werfen, die ihm den Mund stopften. Aber er hatte ganz ruhig gesprochen, wie man von einer harmlosen alltäglichen Sache spricht, fast wie wenn er gesagt hätte: „Wir wollen uns die Hände waschen." Da waren wir wieder einig. Denn ich hatte tags zuvor denselben Gedanken gehabt, als ich die Lederhülle sah. Aber meine Gedanken waren kalt vernünftig gewesen und nicht feierlich tragisch. Groß und tragisch ist überhaupt nur die menschliche Tatsache, daß wir die nicht beruhigen können, für die wir verantwortlich sind – aber nicht der Revolver.

Noch immer suchte uns niemand oder besser gesagt, man suchte uns zweifellos anderswo, wohl in Arabien. An diesem Tage bekamen wir auch später kein Motorengeräusch zu hören. Das geschah erst, als wir unser Flugzeug längst verlassen hatten, und da ließ uns dieser einmalige Vorbeiflug gleichgültig. Wir waren ja nur winzige schwarze Punkte in der Wüste und hatten gar keinen Anspruch darauf, gesehen zu werden. Nichts von allen den Gefühlen kam in uns hoch, von denen man meinen sollte, daß sie bei solchen Gelegenheiten aufstiegen. Ich litt nicht einmal; es war wirklich, als ob die Retter in einer anderen Welt schwebten.

Man muß mindestens zwei Wochen rechnen, um ein Flugzeug, dessen Standort unbekannt ist, in der Wüste aufzufinden. Wir durften annehmen, daß man zwischen Tripolis und Persien auf der Suche nach uns war, und die ungeheure Ausdehnung dieses Raumes verschlechterte die Rettungsaussichten noch mehr. Trotzdem wollte ich dieser schwachen Hoffnung noch einen Tag opfern. Ich änderte unser Verfahren: ich ging allein auf Erkundung, Prévot sollte bei der Maschine bleiben, Brennstoffe schichten und sie anzünden, wenn gegen alle Wahrscheinlichkeit sich ein Flugzeug näherte.

Ich brach auf, ohne zu wissen, ob die Kräfte zur Rückkehr ausreichen würden. Alles, was ich von der lybischen Wüste gehört hatte, ging mir durch den Kopf. Sie hat nur 18 Prozent Luftfeuchtigkeit, wo in der Sahara noch 40 Prozent gemessen werden. Das Leben verdunstet hier wie Dampf. Die Beduinen, die Reisenden und die Kolonialoffiziere sind sich darüber einig, daß man neunzehn Stunden ohne zu trinken auskommen kann. Von der zwanzigsten Stunde an sehen die Augen ein flammendes Leuchten, und das bedeutet das Ende. Der Durst leistet rasche Vernichtungsarbeit.

Aber der Nordostwind, dieser gänzlich programmwidrige Nordostwind, der uns allen Wettervoraussagen zum Trotz getäuscht hat, der uns in die Tiefe der libyschen Wüste gesetzt hat, verlängerte unser Leben. Welchen Aufschub mochte er wohl gewähren, ehe das flammende Leuchten auch unsere Augen blendete?

Ich ging, aber mit dem Gefühl, mich in einem Kanu auf den Ozean zu wagen.

Und doch schien mir die Umwelt im Morgenlicht weniger bedrückend. Zuerst hatte ich auch eine angenehme Aufgabe als Trapper, zu der ich mich mit den Händen in den Hosentaschen hinbegab. Wir hatten am Abend zuvor an den Ausläufen einiger rätselhafter Löcher Schlingen gelegt. Der Jäger in mir war wach, und ich ging vor allem andern, die Fallen nachzusehen.

Sie waren alle leer. Ich würde also kein Blut zu trinken bekommen. Ich hatte es auch eigentlich nicht erwartet.

Ich war nicht enttäuscht, wohl aber regte sich die Neugier. Wovon leben diese Tiere in der Wüste? Zweifellos handelte es sich um den Fenek, dieses hasengroße fuchsartige Raubtier mit den Riesenohren. Ich konnte meinem Wissensdurst nicht widerstehen und folgte den Spuren von einem dieser Tiere. Sie führten mich in ein enges Sandtal, in dem jeder Schritt deutlich abgedrückt war. Ich bewunderte das hübsche Palmenmuster, das drei fächerförmige Zehen hinterlassen hatten. Ich stellte mir meinen vierbeinigen Freund lebhaft vor, wie er im ersten Dämmerlicht lostrabte und Tau von den Steinen leckte. Jetzt wurden die Abstände zwischen den Fußtapfen größer, mein Fenek war also gerannt. Und jetzt war gar ein Gefährte zu ihm gestoßen, und sie waren nebeneinander hergelaufen. Mit völlig unangebrachter Freude begleitete ich die beiden Füchslein auf ihrem Morgenspaziergang. Die Lebenszeichen taten mir wohl, und ich vergaß den Durst ein wenig.

Schließlich kam ich sogar an den Vorratsspeicher dieser Wüstenfüchse. Kaum über den Sand heraus erhoben sich alle hundert Schritte kleine, dürre Bäumchen von der Größe einer Suppenschüssel, deren Zweige mit kleinen goldgelben Schnecken besetzt waren. Der Fenek war dort einholen gegangen, und ich stieß auf eines der geheimnisvollen Wunder der Natur.

Mein Fenek blieb nicht etwa vor jedem Baume stehen. Manche ließ er links liegen, obwohl sie von Schnecken wimmelten. Andere umging er scheu. An andere wiederum machte er sich heran, aber ohne sie leerzufressen. Zwei bis drei Schnecken entnahm er ihnen und zog dann ein Wirtshaus weiter.

Warum handeln die Feneks so? Macht es ihnen Freude, ihren Hunger nicht auf einmal zu befriedigen, sondern sich langwährenden Genuß auf ihrem Morgenbummel zu verschaffen? Schwerlich; denn dazu fügt sich dieses Spiel zu deutlich einer lebensnotwendigen Vorsicht. Wenn der Wüstenfuchs sich am ersten Baum sattfräße, wäre in zwei oder drei Mahlzeiten die ganze lebende Last heruntergeholt. So wäre schnell von Bäumchen zu Bäumchen der Viehbestand vernichtet. Aber der Fenek hütet sich, den Nachwuchs zu stören. Er holt sich jede seiner Mahlzeiten von hundert solcher brauner Stauden. Ja, er tut noch mehr: er nimmt nie zwei benachbarte Schnecken vom gleichen Zweig. Er handelt wie in vollem Bewußtsein der Gefahr. Fräße er nach seinem Hunger, stürben die Schnecken aus, und wenn die Schnecken verschwunden wären, hätte es auch mit den Feneks ein Ende.

Die Spuren führten mich zum Lager. Da unten saß also mein Fenek und hörte mich und zitterte vor meinen Schritten. Ich sagte ihm: „Mein Füchschen, ich bin zwar verloren, aber so komisch es ist, dein Lebenswandel interessiert mich doch!"

Einen kleinen Augenblick blieb ich stehen und träumte vor mich hin. Es ist wundersam, wie man sich jeder Lage anpaßt. Niemand hat Angst, weil er dreißig Jahre später doch sterben muß. Dreißig Jahre oder drei Tage – es kommt nur darauf an, von wo man es betrachtet. Nur muß man gewisse Bilder vergessen.

Wieder ging es weiter, und mit der Müdigkeit kam etwas Neues in mir auf. Wenn keine Luftspiegelungen kamen, so schuf ich sie mir selbst.

„Ahoi!"

Ich hob die Arme, ich rief laut. Aber der winkende Mann war nur ein schwarzer Steinblock. Die Wüste begann zu leben. Ich wollte den schlafenden Beduinen wecken, und er wurde zum Baumstamm. Ein Baumstamm? Das überraschte mich, und ich bückte mich danach, um mich selbst davon zu überzeugen. Ich griff nach einem der Äste, um ihn aufzuheben. Er war von Stein! Ich richtete mich auf und sah mich um: überall erblickte ich schwarze Steinbäume. Ein vorsintflutlicher Wald bedeckte den Boden mit seinen geknickten Schäften. Vor hunderttausend Jahren war sein gewölbter Dom unter einem Orkan des Weltwerdens niedergestürzt. Tausend Jahrhunderte hatten diese Säulenstümpfe bis zu mir gewälzt, riesig, geglättet wie Stahl, versteinert, verglast und tintenschwarz. Noch erkannte ich die Astknoten und konnte die Jahresringe zählen. Einst war dieser Wald von Vögeln und Tönen erfüllt gewesen. Aber ein Fluch hatte ihn getroffen und zu Salzsäulen erstarren lassen. Mich durchschauerte die Feindseligkeit dieser Landschaft. All dies Trümmerzeug wollte nichts von mir wissen. Es war noch schwärzer als die eisernen Hügel vom Tage zuvor. Hier hatte ich nichts zu suchen, ein Lebender unter Steinen; mein Körper sollte sich auflösen, diese Bäume aber gehörten der Ewigkeit.

Seit dem Morgen des vorhergehenden Tages hatte ich über achtzig Kilometer hinter mich gebracht. Meine Schwindelgefühle stammten davon, und vom Durst, und von der Sonne, die auf die Gerippe einer toten Welt niederbrennt, daß sie aussehen wie gefrorenes Öl. Jetzt zählen

Sand und Füchse nicht mehr. Diese Welt ist ein riesiger Amboß, auf dem ich hinschreiten muß, während der Hammer der Sonne dröhnend auf ihn niederfällt.

Was ist das dort? Ahoi! Ahoi! –

„Nichts ist dort. Reg dich nicht auf. Durstfieber ist es", antwortete ich mir selbst. Denn nun mußte ich meine Vernunft an der Kandare halten. Es ist so schwer, abzulehnen, was man sieht. So schwer, nicht auf die hinziehende Karawane loszustürzen. Ihr seht sie doch, da drüben?

„Dummkopf, du weißt ganz genau, daß du sie selbst erfindest!"

Ja, aber ist denn nichts mehr auf der Welt wirklich? Nichts ist wirklich als das Kreuz dort auf dem Hügel in zwanzig Kilometer Entfernung, das Kreuz oder der Leuchtturm.

Es liegt nicht in der Richtung auf das Meer, da muß es also ein Kreuz sein. Ich hatte die ganze Nacht den Plan studiert, völlig unnötigerweise, da ich keine Ahnung hatte, wo wir uns befanden. Aber ich klammerte mich an alles, was mir die Gegenwart von Menschen vortäuschte. Da hatte ich irgendwo einen kleinen Kreis gesehen, über dem ein solches Kreuz ragte. Auf der Zeichenerklärung der Karte, auf die ich blickte, war zu lesen: Geistliche Anstalt. Neben dem Kreuz aber hatte ein schwarzer Punkt gestanden, und der war erklärt als: Dauernd benutzbarer Brunnen. Das hatte mich ins Innerste getroffen, und ich hatte ganz laut immer und immer wieder lesen müssen: Dauernd benutzbarer Brunnen, dauernd benutzbarer Brunnen. Die Schätze des Ali Baba sind nichts neben einem dauernd benutzbaren Brunnen. Etwas weiter waren zwei weiße Kreise gewesen, deren Erklärung lautete: Zeitweilig benutzbarer Brunnen. Das war schon weniger schön. Rundum war nichts gewesen. Gar nichts.

Aber nun hatte ich meine geistliche Anstalt gefunden. Die Mönche hatten ein großes Kreuz auf dem Hügel aufgerichtet, um die Verirrten zu rufen. Ich brauchte nur hinzugehen zu den fleißigen Dominikanern ...

„Aber in Libyen gibt es nur koptische Klöster!"

... zu den fleißigen Dominikanern. Dort gibt es eine kühle, rotgekachelte Küche, und im Hofe steht ein wunderbares rostiges Schöpfrad. Unter dem Schöpfrad aber ist ein dauernd benutzbarer Brunnen. Oh, wird das ein Fest, wenn ich die große Glocke läuten werde ...

„Dummkopf, du beschreibst ja ein Haus in der Provence, in dem es übrigens gar keine Glocke gibt!"

... wenn ich die große Glocke läuten werde. Der Bruder Pförtner wird die Arme erheben und wird rufen: „Der Herr hat dich gesandt!“, und er wird alle Mönche herbeirufen. Sie werden kommen und mich lieb empfangen wie ein armes Kind. Sie werden mich zur Küche geleiten und sagen: „Nur ein Augenblickchen, ein kleines Augenblickchen, mein Sohn, wir laufen ja schon zum dauernd benutzbaren Brunnen!“ Wie werde ich da vor Wonne zittern!

Ach nein, nur nicht weinen. Es ist ja gar kein Kreuz auf dem Hügel.

Der Westen gaukelt mir nur Lügen vor. Ich habe mich nordwärts gewandt. Den Norden erfüllt zumindest der Sang des Meeres.

Wenn ich erst auf der Hügelkette dort bin, weitet sich der Blick und umfaßt die Aussicht auf die schönste Stadt der Welt.

„Du weißt doch, es sind nur Luftspiegelungen!“ Natürlich weiß ich das, lästiger Mahner. Mich täuscht man nicht so leicht. Aber wenn es mir nun einmal gefällt, mich Trugbildern hinzugeben? Ich will hoffen! Ich will mich in diese Stadt mit ihren Zinnen und ihrem Festkleid aus Sonnenstrahlen verlieben! Ich will geraden Weges vor mich hingehen, leichten Schrittes, weil ich keine Müdigkeit mehr fühle und einfach glücklich bin.

Prévot und sein Revolver machen mich lachen. Ich bin trunken und will an Durst sterben!

Die Dämmerung hat mich ernüchtert. Da hält keine Täuschung vor, und plötzlich stehe ich entsetzt da, weil ich so weit gegangen bin. Die Aussicht hat allen Zauber eingebüßt, die Schlösser sind verschwunden, die Feierkleider abgeworfen. Soweit man sehen und ahnen kann, erfüllt die Wüste die ganze Welt.

„Das hast du gut gemacht! Die Nacht wird dich überraschen. Dann kannst du irgendwo auf den Morgen warten, und morgen sind womöglich deine Spuren verwischt und dann ade!"

Da gehe ich lieber weiter, immer geradeaus weiter. Wozu umkehren? Ich will nicht umlenken, wo ich vielleicht kurz vor der Freiheit stehe, wo ich vielleicht gleich die Arme nach dem Meer ausstrecken kann ...

„Wo hast du denn das Meer gesehen? Du kommst nicht bis hin! Dreihundert Kilometer trennen dich davon, und Prévot wartet am Simoun! Vielleicht hat ihn eine Karawane gefunden!"

Gut, ich will umkehren. Aber erst möchte ich noch einmal die Menschen rufen:

Ahoi!

Gott, die Erde ist doch bewohnt!

Ahoi! Menschen!

Die Stimme will nicht mehr und ist rauh und heiser. Es ist ja lächerlich, hier so zu schreien. Aber noch einmal will ich rufen:

Menschen!!

Wie anmaßend, wie gestelzt es klingt.

Und ich mache kehrt.

Nach zwei Stunden Marsch sah ich die Flammen, die Prévot zum Himmel steigen ließ, da ihn mein Ausbleiben in Sorge versetzte. Ach, und mir war es so gleichgültig!

Noch eine Stunde, dann war es noch ein halber Kilometer. Und nun noch hundert Meter und jetzt noch zwanzig.

Und da stand ich starr mit einem Ausruf freudiger Überraschung. Freude strömte mir zum Herzen, und ich hielt mich mühsam vor einem lauten Ausbruch zurück. Dort stand Prévot, vom Glutschein des Feuers erhellt, und sprach mit zwei Arabern, die sich an die Motorenhaube lehnten. Noch hatte er mich nicht gesehen. Seine Freude nahm ihn zu sehr in Beschlag. Wenn ich mit ihm zusammen gewartet hätte, dann wäre ich schon längst befreit! Fröhlich rief ich: „Halloh!"

Die beiden Beduinen fuhren auf und sahen zu mir hin. Prévot löste sich von der Gruppe und kam mir entgegen. Ich streckte ihm die Arme entgegen, und er fing mich auf. Wollte ich etwa zusammensinken? Erlöst sagte ich: „Nun hat es doch geklappt!“

„Was hat geklappt?“ fragte Prévot.

„Die Araber!“

„Welche Araber?“

„Die hier, bei Ihnen!“

Prévot warf mir einen sonderbaren Blick zu und sagte dann, als ob er mir widerwillig ein schmerzliches Geheimnis anvertraute: „Aber es sind doch gar keine Araber hier.“

Da mußte ich doch noch weinen.

VI

Neunzehn Stunden lebt man hier ohne Wasser. Und was haben wir seit gestern abend gehabt? Einige Tropfen Tau bei Morgengrauen. Aber der gütige Nordostwind weht immer noch und verzögert die Verdunstung ein wenig. Er läßt die hohen Wolkenbauten am Himmel erstehen. Wenn die nur zu uns kämen, wenn es nur regnen wollte. Aber in der Wüste regnet es nie.

„Prévot, trennen wir doch einen Fallschirm auf. Wir breiten die Dreiecksbahnen auf die Erde und belasten sie mit Steinen. Wenn der Wind nicht umschlägt, können wir am Morgen die

Tücher auswinden und Tau in einem Benzintank sammeln.“ Und bald lagen sechs weiße Tücher unter den Sternen, und Prévot hatte einen Tank abmontiert. Nun brauchten wir nur noch auf den Morgen zu warten.

Prévot hatte unter den Trümmern noch eine Apfelsine entdeckt, und dieses unverhoffte Wunder teilten wir uns jetzt. Ich war völlig aus der Fassung, so wenig es für Leute war, die zwanzig Liter Wasser brauchten. Ich ruhte neben dem Lagerfeuer und sah mir die leuchtende Frucht an. Die Menschen wissen nicht, was eine Apfelsine ist! Weiter und weiter flogen die Gedanken: Wir sitzen hier, zum Tode verurteilt, und doch verdirbt mir diese Gewißheit nicht den Genuß. Diese halbe Apfelsine in meiner Hand ist eine der größten Freuden meines Lebens. Ich lege mich auf den Rücken, ich lutsche meine Frucht aus und zähle die Meteore. Für diese Minute bin ich restlos glücklich.

Man kann die Welt nur nach dem verstehen, was man erlebt. Jetzt erst begreife ich die Zigarette und den Kognak des zum Tode Verurteilten. Vorher wollte es mir nicht in den Kopf, daß er diese Lappalien annimmt und sichtlich mit Genuß verzehrt. Man sieht gewöhnlich ein Zeichen von Mut darin, daß er lächelt. Dabei hat er nur gelernt, die Welt anders anzusehen, und macht sich aus seiner letzten Stunde noch ein Stückchen Menschenleben.

Wir haben Riesenmengen Wasser gesammelt, an zwei Liter! Es gibt keinen Durst mehr! Wir sind gerettet, wir bekommen zu trinken!

Mit tiefem Jubel schöpfte ich einen Becher aus meinem Tank. Aber das Wasser war gelbgrün und schmeckte schon beim ersten Schluck so entsetzlich, daß ich trotz des quälenden Durstes erst Atem holen mußte, ehe ich ihn fertig herunterschluckte. Ich hätte Schlamm getrunken; aber dieser giftige Metallgeschmack war stärker als mein Durst.

Ich sah mich nach Prévot um. Er ließ die Augen rundum gehen, als ob er etwas suchte. Plötzlich bückte er sich und erbrach sich, ohne aufzuhören, sich im Kreise zu drehen.

Eine halbe Minute später war ich daran. Ich wurde von solchen Krämpfen gepackt, daß ich in die Kniee sank und mit in den Sand gekrallten Fingern weiterspuckte. Keiner brachte ein Wort heraus, und eine Viertelstunde blieben wir so an den Boden genagelt, obgleich nur noch ein bißchen Galle kam.

Endlich hatten wir wieder Frieden, und ich fühlte nur noch ein unbestimmtes Übelsein. Aber unsere letzte Hoffnung war dahin. Ich weiß nicht, ob dieser Fehlschlag einer Tränkung des Fallschirms oder einem Niederschlag von Tetrachlormethan im Tank zuzuschreiben war. Wir hätten einen anderen Speicher oder andere Tücher gebraucht.

Aber nun hieß es eilen, es war schon heller Tag. Wir wollten diesem verwünschten Hochland entrinnen und kräftigen Schrittes bis zum Zusammenbrechen marschieren. Ich folgte dem Beispiel Guillaumets in den Anden. Ich mußte seit dem Tage zuvor viel an ihn denken. So brach ich denn die Vorschrift, die lautet, beim Wrack des Flugzeuges zu bleiben. Hier suchte uns doch niemand mehr.

Wieder wurde uns klar, daß gar nicht wir die Schiffbrüchigen waren. Das waren vielmehr die Wartenden, die unser Schweigen bedrohte, die ein gräßlicher Irrtum in Verzweiflung stürzte. Wir mußten einfach zu ihnen, um sie aufzuklären. Auch Guillaumet erzählte mir nach seiner Rettung, daß er die ganze Zeit Schiffbrüchigen zu Hilfe eilte. Es gilt also wohl für alle.

„Wenn ich niemanden auf der Welt hätte“, sagte mir Prévot, „dann würde ich mich einfach hinlegen.“

Wir gingen nach Ostnordost. Falls wir den Nil überflogen gehabt hätten, wären wir mit jedem Schritte tiefer in die arabische Wüste geraten.

Von dem ersten Marschtage weiß ich nichts mehr, nur noch von unserer Hast, mit der wir auf irgend etwas, und sei es der Zusammenbruch, losgingen. Ich marschierte mit gesenkten Augen, denn von Luftspiegelungen hatte ich genug. Von Zeit zu Zeit berichtigten wir nach dem Kompaß unsere Richtung. Gelegentlich legten wir uns einen Augenblick zum Verschnaufen nieder. Den Gummimantel, den ich für die Nacht mitgenommen hatte, warf ich weg. Mehr weiß ich nicht. Die ersten Erinnerungen knüpfen sich an die Abendkühle. Vorher war ich wie der Sand, der keine Spuren hält.

Bei Sonnenuntergang beschlossen wir zu lagern. Zwar war ich mir wohl bewußt, daß wir hätten weitermarschieren müssen. Denn eine Nacht ohne zu trinken würde uns den Rest geben. Aber wir hatten die Bahnen des Fallschirms mitgenommen; wenn also das Gift nicht in der Tränkung des Stoffes lag, konnten wir am anderen Morgen trinken. Nochmals stellten wir unter den Sternen dem Tau unsere Falle.

Aber an jenem Abend war der Himmel wolkenlos, und der Wind zeigte ein ganz anderes Wesen. Er kam auch nicht mehr aus der gleichen Richtung. Schon streifte uns der heiße Hauch der Wüste. Das Raubtier erwachte und leckte uns Hände und Gesicht.

Wenn ich aber noch weiter gemußt hätte, wäre ich noch vor dem zehnten Kilometer zusammengebrochen. In den letzten drei Tagen hatte ich, fast ohne zu trinken, 180 Kilometer zurückgelegt.

Im Augenblick, da wir uns niederließen, sagte Prévot: „Ich nehme Gift drauf, daß es ein See ist." Ich fuhr auf: „Sie sind verrückt!"

Er aber beharrte: „Zu dieser Zeit in der Dämmerung kann es doch keine Luftspiegelung sein."

Ich antwortete nichts mehr.

Seit langem hatte ich es aufgegeben, meinen Augen zu trauen. Mag schon sein, daß es keine Luftspiegelung ist. Dann ist es eben eine Einbildung unseres Wahnsinns. Wie konnte Prévot noch daran glauben!

Aber er war eigensinnig: „Es sind nur zwanzig Minuten bis hin. Ich möchte doch einmal nachsehen!"

Diese Verbohrtheit ärgerte mich: „Gehen Sie nachsehen. Immer schnappen Sie etwas Luft. Es ist ja gut für die Gesundheit. Aber eines sage ich Ihnen: wenn es Ihren See gibt, ist er Salzwasser. Salzig oder nicht, er ist des Teufels. Vor allen Dingen aber: es gibt ihn gar nicht!" Doch Prévot ging bereits stieren Blickes in die Ferne. Ich kannte diese entsetzliche Anziehungskraft und murmelte nur vor mich hin: „Und manche Nachtwandler werfen sich vor den Zug!"

Ich wußte, daß Prévot nie wiederkommen würde. Sein Wahn würde ihn immer stärker packen, und dann gab es kein Umkehren mehr. Er würde noch eine Weile dem Zusammenbruch entgegengehen.

Er würde dort sterben und ich hier. Es war aber so nebensächlich!

Die Gleichgültigkeit, die über mich gekommen war, schien mir ein böses Zeichen. Als ich einmal halb ertrunken war, hatte ich denselben Seelenfrieden gefühlt wie jetzt. Ich benutzte die Stimmung, um auf dem Bauche liegend in den Wüstenboden einen nachgelassenen Brief zu schreiben. Ach, war der Brief schön! So würdig, und so voll guter Ratschläge! Ich war beglückt und selbstzufrieden, als ich ihn nochmals durchlas. Da mußte man doch sagen, daß es ein wundervoller nachgelassener Brief war, und sehr bedauern, daß ich nicht mehr am Leben sei.

Nun wollte ich auch wissen, wie weit es mit mir war. Ich versuchte, Speichel zu bilden. Wie lange hatte ich schon nicht mehr gespuckt? Nun war überhaupt kein Speichel mehr da. Wenn ich den Mund geschlossen hielt, verklebte eine kleisterige Masse meine Lippen. Sie trocknete rasch ein und bildete außen einen harten Verschluß. Noch gelang es mir aber, ihn zu lösen. Auch stiegen die Lichtempfindungen noch nicht in die Augen, die anzeigen, daß man nur noch zwei Stunden zu leben hat.

Dann war es völlig Nacht. Der Mond war seit gestern gewachsen. Prévot kam nicht wieder. Ich lag auf dem Rücken und sammelte alle diese Erkenntnisse. Mir kam es vor, als ob es schon einmal so gewesen wäre. Ich grübelte nach, und dann fiel es mir ein. Es war schon einmal so ... ich lag ... ich lag im Schiff! Ja, ich lag im Schiff und fuhr nach Südamerika, auf dem obersten Verdeck ausgestreckt. Über mir pendelte die Mastspitze ganz langsam zwischen den Sternen einher. Hier fehlt ja ein Mast, aber eingeschifft bin ich doch, unterwegs zu einem ungewissen Schicksal, das von meinen Kräften nicht mehr abhängt. Rohe Sklavenhändler haben mich gefesselt auf ein Schiff geworfen.

Ich dachte an Prévot, der nicht zurückgekehrt war. Keine Klage hatte ich von seinen Lippen gehört, und das war gut. Es wäre unerträglich gewesen, jemanden stöhnen zu hören. Prévot war doch ein Mann.

Ah – dort! Keinen halben Kilometer von mir entfernt schwenkt er seine Lampe! Er hat die Fährte verloren. Und ich habe keine Lampe! Ich kann nicht antworten!

Ich sprang auf, ich rief, aber er hörte nicht. Da leuchtete eine zweite Lampe nur zweihundert

Meter von der seinen entfernt auf, dann eine dritte. Lieber Gott, sie suchen die Gegend ab, sie suchen mich!

Ich rief – aber niemand hörte. Die drei Lampen gaben ihre Winkerzeichen weiter.

Ich bin doch nicht verrückt? Gewiß nicht; ich fühle mich in Ordnung, ganz ausgeglichen; ich beobachte genau. Es sind drei Lampen in fünfhundert Meter Entfernung.

„Ahoi!“

Und immer noch hörte niemand!

Da faßte mich für einen Augenblick die Panik, das einzige Mal auf diesem Abenteuer. Ich konnte doch noch laufen!

„Wartet! Wartet!“

Oh, gleich machen sie kehrt, gehen weg, suchen anderswo. Und ich werde stürzen, hinfallen an der Schwelle des Lebens, wo hilfreiche Arme so nahe waren.

„Ahoi, ahoi!“

Und schwach klang es aus der Ferne: „Ahoi!“

Sie haben mich gehört!

Ich keuchte, ich bekam keine Luft mehr, aber ich lief immer weiter, der Stimme zu: „Ahoi!“ – und dann sah ich Prévot und fiel hin.

„Ach, wie ich alle die Lampen gesehen habe!“

„Welche Lampen denn?“

Es stimmte; Prévot war allein.

Diesmal aber spürte ich keine Enttäuschung, nur dumpfe Wut:

„Na, und was macht Ihr See?“

„Der war immer entfernter, je mehr ich auf ihn zukam. Ich bin eine halbe Stunde auf ihn losgegangen. Dann war er mir denn doch zu weit, und ich bin umgekehrt. Wenigstens weiß ich jetzt, daß es ein See ist.“

„Sie sind verrückt, total verrückt! Warum haben Sie das nur gemacht? Sagen Sie doch!“

Was hat er eigentlich gemacht? Warum denn? Ich könnte vor Empörung weinen und weiß doch nicht, worüber ich empört bin.

Prévot erklärte mir mit erstickter Stimme: „Ich hätte so gerne Wasser gefunden. Ihre Lippen sind so weiß.“

Meine Empörung brach in sich zusammen. Ich griff mir an die Stirn, als ob ich eben erwachte, und fühlte mich unendlich traurig. Ganz leise berichtete ich: „Ich habe drei Lichter gesehen, so wie ich Sie hier sehe; Irrtum ist ausgeschlossen. Ich habe sie gesehen, sage ich Ihnen, Prévot!“

Prévot sagte erst nichts, dann nickte er: „Ja, ja, es steht schlimm.“

Die Erde strahlt ihre Wärme schnell aus in dunstfreier Luft. Es war recht kalt. Ich erhob mich und ging umher, aber bald erfaßte mich ein unerträgliches Zittern. Mein eingedicktes Blut lief langsam durch die Adern, eisige Kälte durchdrang mich, die mehr war als die Kälte der Nacht. Meine Kiefer klapperten, und mein ganzer Körper wurde von Zuckungen heimgesucht. Ich konnte die elektrische Lampe nicht mehr gebrauchen, so sehr schütterte sie mir in der Hand. Ich fror sonst durchaus nicht leicht, und nun sollte ich hier frieren; welche Wirkungen des Durstes!

Meinen Gummimantel hatte ich irgendwo weggeworfen, weil er mir in der Hitze nur lästig war. Nun wurde der Wind immer schlimmer, und die Wüste bietet keine Deckung. Tags schenkte sie keinen Schatten, nachts lieferte sie einen nackt dem Winde aus. Kein Baum, keine Hecke, kein Stein bot mir Schutz. Der Wind griff mich an wie Reiterei im freien Gelände. Ich sah mich überallhin nach Fluchtgelegenheiten um, ich legte mich hin und stand wieder auf. Liegend wie stehend empfing ich die Schläge der eisigen Peitsche. Laufen konnte ich nicht mehr, die Kräfte versagten. Ich konnte den Mördern nicht mehr entrinnen und warf mich auf die Knie, das Gesicht in den Händen vergraben, des Todesstreiches gewärtig.

Dann riß ich mich zusammen, stand auf und ging kältebebend immer geradenwegs vor mich hin.

Wo war ich denn? Ich war ja weggegangen! Hinten rief Prévot. Seine Rufe haben mich zur Besinnung gebracht.

Ich ging zurück zu ihm, noch immer vom Zittern geschüttelt, das den ganzen Körper herumwarf. Ich mußte mir sagen: „Das ist nicht die Kälte, das ist schon etwas anderes; es ist das Ende." Ich war eben schon zu ausgetrocknet, und ich war zu weit gegangen, vorgestern, gestern allein, und heute!

Es ging mir aber gegen den Strich, an Kälte draufzugehen. Die Wahngebilde waren mir lieber gewesen, das Kreuz auf dem Hügel, die beiden Araber, die drei Lampen. Das war schließlich irgendwie reizvoll und spannend. Aber gepeitscht zu werden wie ein Sklave ist nicht schön.

Da lag ich denn wieder auf den Knien.

Wir hatten etwas Medizin mitgenommen, hundert Gramm reinen Äther, hundert Gramm neunzigprozentigen Alkohol und ein Fläschchen Jod. Ich versuchte, einige Schlucke reinen Äther zu trinken; es war, als ob ich Messer schluckte. Dann wagte ich mich an den neunzigprozentigen Alkohol; aber er verlegte mir die Kehle.

Ich grub mir ein Loch in den Sand, legte mich hinein und bedeckte mich mit Sand. Nur das Gesicht sah heraus. Prévot hatte einige Reiser entdeckt und ein recht kurzlebiges Feuer entzündet.

Er wollte sich nicht in den Sand eingraben und trat lieber von einem Fuß auf den anderen. Ich fand, daß er unrecht hatte. Meine Kehle war noch immer beengt, und das bedeutete nichts Gutes. Trotzdem fühlte ich mich besser, denn ich war ganz ruhig, viel ruhiger, als ich je zu hoffen gewagt hatte. Unfreiwillig ging ich auf die Reise, festgebunden auf meinem Sklavenschiff unter den Sternen. Aber ich war kaum noch unglücklich. Wenn ich kein Glied rührte, spürte ich die Kälte gar nicht. So ließ ich denn meinen schlafenden Leib dort unterm Sande. Sich nie mehr bewegen, nie mehr leiden! Übrigens litt ich tatsächlich kaum. Allen Schmerz übertönte die Musik der Erschöpfung und des Fieberwahns. Alles wurde zu einem Bilderbuch, zu einem grausigen Märchen. Eben noch hatte mich der Wind gejagt, und ich war wie ein gehetztes Tier umhergesprungen, um ihm zu entgehen. Dann hatte ich Mühe gehabt zu atmen. Jemand hatte auf meiner Kehle gekniet, und ich hatte mit dem Würgengel gerungen. Allein war ich in der Wüste keinen Augenblick gewesen. Jetzt aber glaubte ich an nichts mehr, was ich um mich sah. Ich zog mich in mich selbst zurück, schloß die Augen und rührte kein Glied. Der Wirbelwind der Bilder riß mich mit. Aber er führte mich ruhigen Träumen zu. Der reißende Strom fand Frieden im Meer.

Lebt wohl, ihr Lieben! Ich kann nichts dafür, daß der Mensch nicht mehr als drei Tage ohne zu trinken auskommen kann. Ich ahnte es nicht, daß ich so an die Brunnen gebunden war, daß unsere Freiheit an einem so kurzen Faden hängt. Ich meinte immer, so vor mich hinstürmen zu dürfen. Ich wähnte frei zu sein, und da hängt man an der Erde durch ihre Wasseradern wie die Frucht an der Mutter durch die Nabelschnur. Ein Schritt zu weit ab heißt Tod.

Mir tut nichts leid, als daß ihr nun traurig sein müßt. Genau genommen habe ich es besser gehabt. Wenn ich diesmal davonkäme, ich finge mein Fliegerleben nochmals an. Ich muß leben, und in den Städten gibt es kein menschenwürdiges Dasein. Mir geht es nicht um die Sache der Fliegerei.

Für mich ist das Flugzeug kein Zweck, es ist ein Mittel. Mein Leben schlage ich nicht für die Fliegerei in die Schanze, so wenig wie der Bauer für den Pflug arbeitet. Aber mit dem Flugzeug verläßt man die Städte und ihre seelenlose Rechnerei und findet auf anderem Wege die bäuerliche Wahrheit wieder. Man lebt mit Winden, Sternen, Nacht und Sand, arbeitet als Mensch und sorgt sich als Mensch. Man mißt sich mit den Kräften der Natur und wartet auf den neuen Tag wie der Gärtner aufs Frühjahr. Man ersehnt den Flughafen wie ein gelobtes Land und sucht seine Wahrheit in den Sternen.

Ich will nicht klagen. Seit drei Tagen bin ich viel gegangen, habe Durst gelitten, bin Fährten im Sande gefolgt und habe aus dem Morgentau Hoffnung gezogen.

Ich habe andere Wesen meiner Art gesucht, von deren Wohnstätten auf der Erde ich mich verirrt hatte ...

Doch das sind Sorgen für Lebende. Jetzt kommt mir all das kaum wichtiger vor als die Frage, ob man den Abend im Casino de Paris, im Moulin Rouge oder in den Folies Bergères verbringt.

Ich verstehe die Leute in den Pariser Vorortzügen nicht mehr, die glauben, Menschen zu sein. Ameisen sind sie, von einem ihnen unbewußten Zwang zum Werkzeug herabgewürdigt. Was mögen sie mit ihren kleinen Sonntagen anfangen, wenn sie frei haben?

Auf einer weiten Reise hörte ich einmal, wie bei einer Betriebsfeier in einer Fabrik Mozart gespielt wurde. Ich habe darüber berichtet und zahlreiche empörte Zuschriften bekommen. Ich bin denen nicht böse, die das Tingeltangel vorziehen; sie kennen keine höheren Klänge. Aber auf den Tingeltangelwirt werfe ich meinen Groll; er lockt die Menschen von sich selber weg! Ich bin glücklich in meinem Beruf. Der Vorortzug bedeutet mir zehnmal mehr Tod als das Sterben hier. Eigentlich haben wir doch ein prächtiges Leben.

Ich bereue nichts. Ich habe gespielt und verloren. Aber ich habe den Wind auf freier See atmen dürfen. Das vergißt niemand, dem es einmal vergönnt war.

Nicht wahr, Kameraden? Wir suchen ja nicht die Gefahr. Das ist Wichtigtuerei; mit den Stierkämpfern habe ich nichts gemein. Nein, ich suche nicht die Gefahr; ich weiß, was ich suche: ich suche das Leben.

Mir wollte scheinen, als zeigte sich eine erste Helle am Himmel. So zog ich einen Arm aus dem Sand und befühlte eine der Bahnen, die in Reichweite lag. Aber sie war trocken. Es hieß Geduld haben. Der Tau fällt ja erst im Morgengrauen.

Aber der Morgen graute, ohne unsere Tücher zu befeuchten. Da begannen meine Gedanken zu tanzen, und ich hörte mich sagen: „Hier ist ein ausgepumptes Herz – ausgepumptes Herz, das keine Tränen mehr hat."

„Auf, Prévot! Noch sind unsere Kehlen nicht verklebt. Da heißt es marschieren!"

VII

Der Westwind weht, der den Menschen in neunzehn Stunden ausdörrt. Noch ist mein Schlund offen, aber schon hart und schmerzhaft. Ein leises Rasseln kann ich auch schon vernehmen. Bald kommt der Husten, den man mir beschrieben hat und auf den ich schon lange warte. Meine Zunge ist mir im Wege. Das Schlimmste aber ist, daß ich leuchtende Flecken sehe. Wenn diese zu Flammen werden, stürze ich zusammen.

Wir gehen schnell, um die Kühle des jungen Tages auszunützen. Wir wissen wohl, daß wir in der hellen Sonne nachher nicht mehr weiterkönnen. In der hellen Sonne …

Wir dürfen nicht mehr schwitzen, wir dürfen keine Zeit verlieren. Denn selbst diese Kühle hat nur achtzehn Prozent Luftfeuchtigkeit; der Wind mit seiner verlogenen Liebkosung kommt aus der Wüste. Unser Blut verdunstet!

Ich fühle keinen Hunger, nur Durst. Dabei hatte ich so gut wie nichts zu essen gehabt, am ersten Tage einige Trauben, seitdem eine halbe Apfelsine und etwas Kuchen. Für mehr Nahrung hatten wir keinen Speichel gehabt. Der Durst aber ist allmächtig, eher noch die Folgen des Durstes: die harte Kehle, die Zunge aus Gips, das Rasseln im Schlund und ein ekliger Geschmack im

Munde. Das sind mir neue Empfindungen, und zunächst bringe ich sie in keine Verbindung mit dem Wasser, das sie heilen könnte. Der Durst wird immer mehr zu einer Krankheit, und immer weniger ist er ein natürliches Verlangen.

Schon will es mir scheinen, daß der Gedanke an Früchte und Quellen weniger herzzerreißend ist. Ich habe schon fast vergessen, wie freundlich die Apfelsine leuchtete. Ich habe alle Sehnsucht vergessen. Ich vergesse vielleicht alles.

Einen Augenblick haben wir gerastet, nun geht es weiter. Wir verzichten auf große Marschabschnitte und sinken alle halben Kilometer erschöpft nieder. Ich genieße es jedesmal, mich auszustrecken. Aber wir müssen weiter.

Die Landschaft verändert sich, die Steine werden seltener, und wir gehen auf Sand. Zwei Kilometer vor uns beginnen die Dünen mit einigen Anzeichen kleinen Pflanzenwuchses. Der Sand ist doch besser als dieser stählerne Panzer. Er ist die blonde Wüste, meine Sahara, die ich kenne und liebe.

Jetzt müssen wir schon alle zweihundert Meter rasten. Aber wir wollen weiter, zumindest bis zu den Büschen.

Die sollten die letzte Grenze sein, machten wir aus. Später, als wir im Kraftwagen unseren Spuren entlangfuhren, um den Simoun zu bergen, konnten wir feststellen, daß dieser letzte Ausmarsch achtzig Kilometer betragen hat. Ich war also an die zweihundert gegangen. Wie konnte ich da weiter?

Gestern ging ich ohne Hoffnung; heute hat dieses Wort seinen Sinn verloren. Wir gehen, weil wir gehen, wie die Ochsen im Pflugjoch.

Gestern träumte ich von paradiesischen Apfelsinenwäldern, heute kenne ich kein Paradies mehr. Ich glaube nicht mehr an Apfelsinen.

Nichts mehr fühle ich in mir als Dürre des Herzens. Ich werde fallen und keine Verzweiflung spüren, nicht einmal Kummer. Das kränkt mich, denn die Fähigkeit, Kummer zu fühlen, wäre mir eine Wohltat wie Wasser.

Ich bemitleide mich und bedaure mich wie ein Freund. Aber ich habe keinen Freund mehr auf der Welt.

Wenn mich die Leute mit meinen entzündeten Augen finden, dann werden sie sich einbilden, daß ich laut gerufen und viel gelitten habe. Aber jeder Aufschwung, jeder Schmerz, alles bewußte Leiden wären Reichtümer für meine vertrocknete Seele. Ich habe ja gar nichts mehr. Wenn einem Mädchen seine erste Liebe stirbt, dann hat sie doch noch ihren Schmerz und ihre Tränen, einen zuckenden Ausdruck von Leben. Ich, ich habe keinen Schmerz mehr.

Ich bin schon eins mit der Wüste. Ich bringe keinen Speichel mehr hervor und auch keine Bilder, nach denen ich mich sehnen könnte. Die Sonne hat den Quell der Tränen ausgetrocknet.

Doch was sehe ich? Ein Hoffnungshauch geht über mich wie ein Windstoß über das Meer. Etwas hat mein triebhaftes Erkennen getroffen, noch ehe es mir bewußt geworden ist. Nichts hat sich verändert, und doch ist alles anders. Das Bahrtuch des Sandes, diese flachen Hügel mit Ahnungen von Pflanzenwuchs sind nicht mehr eine tote Landschaft. Sie sind eine Bühne, zwar noch leer, aber für das Schauspiel bereit. Ich sehe Prévot an; auch er hat staunend den gleichen Schlag erhalten, ohne ihn deutlich zu verstehen.

Gleich muß etwas geschehen, sage ich euch.

Die Wüste lebt, sage ich euch. Diese Leere, dies Schweigen sind bewegter als ein Volksgedränge auf offenem Markt.

Rettung – Spuren im Sand!

Eben noch waren wir abgeschnitten vom Menschengeschlecht, mit unserer Art zerfallen, allein auf der Welt, vergessen bei einer allgemeinen Abwanderung. Und da finden wir im Sande abgedrückt die wunderbaren Füße von Menschen.

„Prévot, hier haben zwei sich verabschiedet."

„Hier hat ein Kamel gekniet."

„Hier ... „

Wir sind noch gar nicht gerettet. Wir können ja nicht einfach warten, denn schon in wenigen Stunden kommt jede Hilfe zu spät. Der Durst wirkt zu verheerend, sobald der Husten beginnt. Und unsere Kehlen ...

Nein, ich glaube an diese Karawane, die irgendwo durch die Wüste schwankt.

Wir haben uns zum Gehen gezwungen, und plötzlich höre ich den Hahn krähen. Guillaumet hatte mir seinerzeit auch erzählt: „Gegen Ende hörte ich in meinen Anden die Hähne. Ich hörte auch die Eisenbahn." Das fällt mir im Augenblick ein, und ich sage mir: „Erst täuschen einen die Augen. Das macht der Durst. Die Ohren haben länger gehalten."

Aber Prévot faßt mich am Arm: „Hören Sie!"

„Was denn?"

„Den Hahn!"

Ja aber – ja aber ...

Ja aber, das hieße Leben – du Dummkopf!

Noch eine Täuschung sucht mich heim. Ich sehe drei Hunde herumjagen. Prévot sieht hin und kann nichts wahrnehmen. Aber nun strecken wir beide die Arme dem Beduinen entgegen, beide holen wir den letzten Atem aus unserer

Brust, und beide lachen wir vor Glück. Aber unsere Stimmen tragen keine dreißig Meter mehr. Die Stimmbänder sind vertrocknet. Wir hatten miteinander nur noch geflüstert, und das nicht einmal bemerkt.

Der Beduine und sein Kamel, die hinter dem Hügel hervorgekommen sind, wollen sich entfernen. Langsam, langsam ziehen sie weiter. Vielleicht ist er allein! Vielleicht hat ein grausamer Teufel uns diesen Menschen gezeigt, um ihn uns wieder zu nehmen.

Und wir können nicht mehr rennen!

Da erscheint ein anderer Araber auf der Düne, mit der linken Seite uns zugewandt.

Wir schreien – aber ganz leise.

Wir schwenken die Arme und erfüllen nach unserer Meinung den Himmel mit riesigen Signalen.

Aber der Beduine sieht immer nach rechts.

Jetzt aber, ganz langsam, macht er eine Viertelwendung links. Sobald er das Gesicht uns zugewendet hat, ist es auch schon geschehen: Durst, Tod und Luftspiegelungen sind verwischt in dem Augenblick, in dem er uns erblickt. Eine kleine Viertelwendung verwandelt unsere Welt. Eine Bewegung des Körpers, ein rascher Blick schaffen Leben, und er scheint mir nicht von dieser Welt.

Ein Wunder! Ein Wunder! Er kommt auf uns zu wie ein Gott über das Meer!

Er hat uns ins Gesicht gesehen, hat uns die Hände auf die Schultern gelegt, und wir haben ihm gehorcht und uns hingelegt. Hier gibt es keine Rasse, keine Sprache, keine Partei. Ein armer Wanderhirte hat Engelshände auf unsere Schultern gelegt. Wir haben auf seine Rückkehr gewartet, die Stirn in den Sand gepreßt. Und nun trinken wir, auf dem Bauche liegend, den Kopf im Becken wie die Kälber. Der Beduine erschrickt und zwingt uns alle Augenblicke einzuhalten. Aber kaum läßt er uns frei, so tauchen wir auch schon das ganze Gesicht ins Wasser.

Wasser!

Wasser, du hast weder Geschmack noch Farbe, noch Aroma. Man kann dich nicht beschreiben. Man schmeckt dich, ohne dich zu kennen. Es ist nicht so, daß man dich zum Leben braucht: du selber bist das Leben! Du durchdringst uns als Labsal, dessen Köstlichkeit keiner unserer Sinne auszudrücken fähig ist. Durch dich kehren uns alle Kräfte zurück, die wir schon verloren gaben. Dank deiner Segnung fließen in uns wieder alle bereits versiegten Quellen der Seele. Du bist der köstlichste Besitz dieser Erde. Du bist auch der empfindsamste, der rein dem Leib der Erde entquillt. Vor einer Quelle magnesiumhaltigen Wassers kann man verdursten. An einem Salzsee kann man verschmachten. Und trotz zweier Liter Tauwasser kann man zugrunde gehen, wenn sie bestimmte Salze enthalten.

Du nimmst nicht jede Mischung an, duldest nicht jede Veränderung. Du bist eine leicht gekränkte Gottheit!

Aber du schenkst uns ein unbeschreiblich einfaches und großes Glück.

Du aber, unser Retter, Beduine aus Libyen, du wirst mir aus dem Gedächtnis schwinden! Deines Gesichtes kann ich mich nicht entsinnen. Du bist der Mensch und erschienst mir mit dem Antlitz aller Menschen! Du hattest uns nie zuvor gesehen und hast uns doch erkannt!

Du bist mein geliebter Bruder, und ich werde dich in allen Menschen wiedererkennen!

Du erscheinst mir voll Adel und Leutseligkeit, ein großmächtiger Herr, in dessen Macht es stand, Wasser zu reichen.

Alle meine Freunde, alle meine Feinde kommen mir in deiner Person entgegen, und ich habe keinen einzigen Feind mehr auf der Welt.

Die Menschen

I

Als ich durch die Wüste mit dem Tode um die Wette ging, habe ich wieder einmal einer Erkenntnis gegenübergestanden, die dem Kopfe so schwer eingehen will. Ich habe mich verloren gegeben, ich glaubte, in den Abgrund der Verzweiflung zu stürzen; aber ich brauchte nur zu verzichten, um Frieden zu finden. Der Mensch muß wohl solche Stunden erleben, um zu sich selbst zu finden und sein eigener Freund zu werden. Nichts kann ihm dann das Gefühl der Erfüllung nehmen; ein Lebensbedürfnis in ihm ist befriedigt, das ihm vorher gar nicht bewußt gewesen war. Ich kann mir denken, daß Bonnafous diese Abgeklärtheit kannte, wenn er bis zur Erschöpfung mit den Winden durch die Wüste eilte. Guillaumet empfand sie in seinem tiefen Schnee. Und ich will mich selbst nicht vergessen, wie warm es mir in meinem Sternenkleide zum Herzen strömte, als ich im Sand bis zum Hals begraben lag und vom Durst langsam erstickt wurde. Was können wir tun, um diese Befreiung des Menschen in uns zu fördern? Planmäßig zu arbeiten ist beim Menschen schwer, denn alles bei ihm ist Widersinn. Da sichert die Gesellschaft dem

Dichter oder Forscher sein Brot, um seine schöpferische Arbeit zu ermöglichen; der Geförderte schläft träge ein. Der siegreiche Eroberer verfettet, der reichgewordene Großherzige wird zum Raffer. Was nützen uns die politischen Lehren, die den Menschen zu entwickeln versprechen, wenn wir von vornherein gar nicht wissen, was für Stoff ihnen zur Verfügung stehen wird? Was für Begabungen werden geboren? Wir sind kein Zuchtvieh; beim Menschen zählt das Erscheinen eines armen Pascal mehr als viele wohlgenährte Namenlose.

Das, worauf es im Leben am meisten ankommt, können wir nicht vorausberechnen. Die schönste Freude erlebt man immer da, wo man sie am wenigsten erwartet hat. Diese Sternstunden aber lassen eine so tiefe Sehnsucht im Herzen zurück, daß manche Menschen Heimweh nach ihren trübsten Zeiten fühlen, wenn diesen ihre Freuden entsprossen sind.

Wie oft haben wir im Kreise von langvermißten Kameraden die Wonnen der bösen Erinnerungen genossen!

Wir wissen zu unserer Lebensgestaltung nur, daß es Mächte gibt, die den Menschen überraschend fruchtbar werden lassen. Wo aber soll man das einzig Richtige, die Wahrheit für jeden einzelnen Menschen finden?

Wahrheiten kann man nicht durch Beweisketten erschließen, man muß sie erproben. Wenn Apfelsinenbäume in diesem Boden und nicht in jenem gut anwurzeln und reichlich Früchte tragen, dann ist dieser Boden ihre Wahrheit. Wenn ein Glaube, eine Kultur, ein Wertmaßstab, ein Arbeitsplan im Menschen jene Erfüllung, von der wir hier sprechen, auszulösen vermögen, dann ist eben dieser Wertmaßstab, diese Kultur, dieser Arbeitsplan, dieser Glaube die Wahrheit des Menschen. Die Logik? Sie sehe zu, wie sie mit dem Leben fertig wird und von ihm Rechenschaft abzulegen vermag!

Im Verlaufe dieses Buches habe ich einige Menschen vorgeführt, die offensichtlich einer gewaltigen Berufung gefolgt sind. Sie haben sich die Wüste und die Flugstrecke gewählt, so wie andere ins Kloster gegangen sind.

Ich hätte aber mein Ziel verfehlt, wenn es so aussähe, als wollte ich Bewunderer für diese Männer werben. Bewundernswert ist vielmehr die Umwelt, die diese Männer geprägt hat.

Eine Berufung ist zweifellos von grundlegender Bedeutung. Manche Leute bleiben für ihr Leben in ihren Geschäften stecken, andere aber gehen mit untrüglicher Sicherheit einen Weg in ganz bestimmter Richtung. In ihrer Jugend finden wir sicher im Keim die Triebe, die ihr Schicksal erklären. Aber es ist irreführend, Geschichte nach den Ereignissen zu schreiben. Die gleichen Triebe finden wir nämlich auch bei fast allen anderen Menschen.

Man denke nur an die Geschäftsleute, die in einer furchtbaren Brandnacht über sich hinausgewachsen sind. Sie sind sich auch selbst bewußt, bei dieser Gelegenheit ihre Erfüllung gefunden zu haben; diese Brandnacht bleibt für sie die große Nacht ihres Lebens. Aber mangels neuer Gelegenheiten, mangels einer geeigneten Umwelt, mangels eines Glaubens, der etwas von ihnen verlangt, sind sie wieder eingeschlafen, ohne an ihre Größe zu glauben. Die Berufungen können also wohl dem Menschen zur Befreiung helfen; aber zuvor muß er es fertigbringen, seine Berufung freizulegen.

Flugnächte, Wüstennächte sind nicht jedem geschenkt. Und doch erweisen sich die Notwendigkeiten aller Menschen als die gleichen, wenn nur der Anstoß gegeben ist. Ich komme daher nicht von meinem Gegenstand ab, wenn ich von einer Nacht in Spanien berichte, die mir darüber Gewißheit gab. Ich habe zuviel von einzelnen Menschen gesprochen. Ich würde gern von allen sprechen.

II

Es war an der Front in Madrid, die ich als Berichterstatter besuchte. Ich aß an jenem Tage in einem Unterstand bei einem jungen Hauptmann zu Abend. Die Unterhaltung war in vollem Fluß, da läutete plötzlich das Telephon. Ein langes Gespräch folgte. Das Regimentskommando gab den Befehl zu einem örtlichen Vorstoß durch, einem jener sinnlosen und verzweifelten Versuche, die in dieser Arbeitervorstadt einige zu Betonfestungen ausgebaute Häuser einbringen sollten. Der Hauptmann zuckte mit den Achseln und setzte sich wieder zu uns: „Die ersten von uns, die sich zeigen …“, sagte er und setzte zwei Gläser Kognak vor einen Unteroffizier, der sich im Unterstand befand, und vor mich.

Dann wandte er sich zu dem Unteroffizier: „Du kommst mit mir als erster aus der Deckung. Trink jetzt und schlaf dich aus!“

Der Unteroffizier ist schlafen gegangen. Wir sitzen noch zu zehnt um den Tisch und wachen. Das Zimmer ist gut abgedichtet, damit kein verräterischer Lichtstrahl hinausdringt. Mir scheint das Licht darin zu scharf, daß ich zwinkern muß. Denn eben habe ich durch eine Schießscharte hinausgesehen. Ich hatte den Lappen, der ihre Öffnung bedeckte, beiseite gezogen und konnte Trümmer unheimlicher Häuser sehen, im abgrundtiefen Licht einer Mondnacht ertrunken. Kaum ist aber der Lappen zurückgeschlagen, so ist das Mondlicht weggewischt wie ein Öltropfen von der Maschine. Aber in den Augen habe ich noch immer das Bild grünlicher Festungen.

Diese Soldaten werden sicher nie wiederkommen. Aber sie schweigen aus Schamgefühl. Der Angriff ist in Ordnung; der Krieg schöpft aus dem Menschenvorrat wie der Bauer aus dem Getreideboden: eine neue Worfel Korn fliegt als Saat dahin.

Wir trinken. Zu meiner Rechten besprechen einige Männer eine Partie Schach, zu meiner Linken wird das Gespräch immer heiterer. Wo bin ich denn? Ein halbbetrunkener Mann betritt die Szene. Er streichelt seinen borstigen Bart und sieht uns mit zärtlichen Kulleraugen an. Sein Blick trifft auf den Kognak; er reißt sich von ihm los, muß wieder hinschweifen und haftet schließlich flehend auf dem Hauptmann.

Dieser lacht ganz leise. Das gibt dem Manne Hoffnung, und er lacht auch. Das Lachen ergreift alle Zuschauer. Da zieht der Hauptmann die Flasche ein wenig weg; das Gesicht des Mannes malt Verzweiflung, und so entspinnt sich ein kindliches Spiel, eine Art Ausdruckstanz. In dem dicken Zigarettenrauch und dieser grünen schlaflosen Nacht, über der das Bild des bevorstehenden Angriffes lastet, wirkt das Ganze wie ein Traum.

Wir spielen, warm geborgen im Raum unseres Schiffes, während draußen die harten Schläge sich mehren und die Wellen an die Bordwand klopfen. Bald werden diese Männer ihren Schweiß, ihren Alkohol, den Schmutz des Wartens im Scheidewasser dieser Kampfnacht abwaschen. Sie stehen kurz vor der Reinigung. Aber solange sie können, tanzen sie noch den Tanz des Trunkenen mit der Flasche; solange sie können, spielen sie ihr Schach, – sie leben, solange sie können. Aber auf einem Wandbrett steht ein Wecker, der auf eine bestimmte Minute gestellt ist. Er wird bald rasseln. Dann werden alle diese Männer aufstehen, sich recken, die Koppel umlegen. Der Hauptmann wird den Revolver ziehen, der Trunkene plötzlich nüchtern sein. Sie werden ohne Hast in den Gang treten, der langsam ansteigend zu einem bläulichen, mondhellen Rechteck führt. Sie werden einige Worte sagen wie „Der verdammte Angriff!“ oder „Schweinekälte!“

Und dann tauchen sie ein in den Kampf.

Zur gegebenen Stunde wohnte ich dem Erwachen des Unteroffiziers bei. Er schlief auf einem Eisenbett im Schutt eines Kellers. Er schien einen restlos glücklichen und völlig ungetrübten Schlaf zu genießen. Ich mußte an jene erste Nacht in der libyschen Wüste denken, die ich mit Prévot ohne Wasser und Hoffnung verbrachte. Da konnten wir, ehe der entsetzliche Durst kam, noch ein einziges Mal zwei Stunden schlafen. Damals hatte ich das Gefühl, daß Einschlafen eine wunderbare Herrschertat war: ich konnte der Welt die Türe vor der Nase zuschlagen, noch war ich Herr meines Körpers, der es nicht wagte, mich zu quälen, und so unterschied nichts meine Nacht von jeder glücklichen Nacht, sobald ich erst den Kopf in die Arme vergraben hatte.

So ruhte auch der Unteroffizier, zur Kugel gerollt, ohne menschliche Form. Als wir kamen, um ihn aufzuwecken, konnte ich im Licht der rasch entzündeten Kerze auf dem Flaschenhals, der als Leuchter diente, nichts sehen als die Stiefel, genagelte, beschlagene Stiefel, Schuhwerk eines Tagelöhners oder Hafenarbeiters.

Mit Arbeitsstiefeln war er beschuht, und mit Arbeitszeug war sein Körper behängt: Patronentaschen, Revolver, Schulterriemen, Koppel – Joch und Kummet wie ein Pflugtier. In den Kellern in Marokko sieht man manchmal von blinden Pferden gedrehte Mühlen. Hier, im Schein der rotflackernden Kerze, wurde auch ein blindes Pferd geweckt, das seine Mühle schleppen sollte. „Hallo, Unteroffizier!“

Er bewegte sich ein wenig, so daß man sein Gesicht sah, das noch ganz im Banne des Schlafes stand. Dann murmelte er einige unverständliche Worte, drehte sich wieder der Wand zu und wollte nicht aufwachen. Er verkroch sich in die Tiefe des Schlafes wie in den Schoß der Mutter, wie unter tiefes Wasser. Seine Hände öffneten sich und schlossen sich wieder, als ob er auf dieser Taucherfahrt nach unterseeischen Algen griffe, um sich an ihnen festzuklammern. Diese Fäden mußten wir ihm schon aus den Fingern nehmen, damit er auftauchen konnte. Wir setzten uns auf sein Bett, einer schob ihm sanft den Arm unter den Nacken und hob lächelnd den schweren Kopf hoch. Es wirkte so, wie wenn im behaglich warmen Stall die Pferde Kopf an Kopf reiben. Nie in meinem Leben habe ich etwas Zarteres gesehen.

„He, Kamerad!“ Noch ein letztes Mal versuchte der Unteroffizier, sich in sein glückliches Traumland zu retten, sich unserer Welt der Sprengstoffe, der Erschöpfung, der eisigen Nacht zu versagen, aber es war zu spät. Der Andrang der Außenwelt war zu stark. So weckt am Sonntagmorgen die Glocke der Schule den strafweise zurückgehaltenen Schüler. Er hatte Pult und Tafel und Aufgaben vergessen und von Spielen im freien Land geträumt. Vergeblich suchte er so zu entrinnen:

die Glocke schlägt und führt ihn unerbittlich in die Ungerechtigkeit der Welt zurück. Ganz ähnlich kehrte der Unteroffizier langsam in seinen gehetzten Leib zurück, von dem er nichts wissen wollte und der alsbald von der Starre des Schlafes in allen Gelenken schmerzen würde. Nun spürte er den Druck der Ausrüstung, dann kam der schwere Lauf – dann der Tod. Nicht so sehr der Tod als das mühsame Atmen, die Erstarrung und der eklige Blutbrei, in den man beim Versuch, wieder hochzukommen, mit den Händen faßt. Nicht so sehr der Tod als die Mühsal des Sterbens. Ich mußte an die Verzweiflung meines eigenen Erwachens denken, als plötzlich der Durst, die Sonne und der Sand wieder lastend auf mich fielen, als ich das Leben wieder übernehmen mußte, diesen Traum, den man sich nicht wählen kann.

Der Unteroffizier aber richtete sich auf, sah uns ins Gesicht und fragte: „Es ist wohl so weit?"

In solchen Augenblicken zeigt sich der Mann, da entzieht er sich den Berechnungen der Logik. Unser Unteroffizier lächelte!

Woher kommt das wohl? Was schenkt in solchen Augenblicken Feststimmung?

Mir schießt die Erinnerung an eine Pariser Nacht als Gegenspiel durch den Kopf. Mermoz und ich hatten irgendeinen Gedenktag gefeiert und saßen bei Tagesgrauen in einer Bar. Wir hatten zuviel gesprochen, zuviel getrunken, uns unnötig ermüdet und waren davon angeekelt. Wie der Himmel fahl wurde, packte mich Mermoz plötzlich so heftig am Arme, daß ich seine Finger einzeln fühlte: „Denke doch, um diese Zeit in Dakar ... !" Um diese Zeit in Dakar, da liefen die Monteure augenreibend umher und zogen die Hüllen von den Propellern, während die Flugzeugführer die Wetterwarte befragen gingen; da war die Erde nur von Kameraden bevölkert.

Schon gewann der Himmel Farbe, die Feier wurde bereitet – aber nicht für uns. Andere durften der Gefahr entgegengehen.

„Was für ein Schmutz ist das hier!"

Und du, Unteroffizier in Spanien, zu welchem Feste warst du geladen, das wert war, dafür zu sterben?

Er hatte mir seine Lebensgeschichte anvertraut. Er sagte, daß er ein kleiner Buchhalter in Barcelona war, wo er früher Zahlen aneinanderreihte, ohne sich um die Parteiungen in seinem Lande groß zu kümmern. Aber ein Kollege meldete sich freiwillig, dann noch einer, dann ein dritter. Das bewirkte bei ihm eine eigenartige Veränderung. Seine Arbeit erschien ihm sinnlos, seine Freuden und Sorgen überlebt, seine kleine Behaglichkeit vermottet. Alles das ging an der Hauptsache vorbei. Dann erfuhr er von dem Tode des einen, der bei Malaga fiel. Es war nicht etwa ein Freund, den er rächen wollte. Die Politik ließ ihn auch weiter kalt. Und dennoch ging die Nachricht von diesem Tode über sein enges Geschick dahin wie ein Windstoß über das Meer. Er wechselte mit einem anderen Zurückgebliebenen Blicke: „Gehen wir?"

„Ja, wir gehen!"

Und sie gingen.

Einige Gleichnisse scheinen mir die Erkenntnis gut auszusprechen, die mein spanischer Unteroffizier nicht in klare Worte zu kleiden vermochte, so gut er sie gefühlsmäßig verstand.

Wenn die Wildenten zur Flugzeit über das Land streichen, erzeugen sie sonderbare Wirkungen. Die zahmen Enten versuchen ungeschickte Sprünge, geheimnisvoll angezogen von dem großen Winkel, den der Schwarm da oben am Himmel bildet. Der wilde Schrei hat in ihnen eine Spur von Wildheit erweckt. Für eine Minute werden die Bauernenten wieder Zugvögel. In dem kleinen harten Vogelkopf, in dem nur bescheidene Bilder von Teichen, Würmern und Geflügelhöfen lebten, entwickeln sich Weiten von Erdteilen, Freude am freien Wind, an den Gestaltungen der Meere. Das Tier hatte vorher keine Ahnung, daß in seinem

Kopfe Raum für so viel Wunder war. Nun schlägt es mit den Flügeln, verachtet die Körner und die Würmer und will eine Wildente sein.

Ich mußte auch an meine Gazellen denken. In Juby folgte ich der Mode und hatte eine Gazellenzucht. Wir hielten die Tiere in einem vergitterten Stall in freier Luft, denn Gazellen brauchen ungehinderten Luftstrom. Sie sind so wenig widerstandsfähig! Aber sie bleiben am Leben, wenn sie jung genug eingefangen worden sind, und fressen einem aus der Hand, lassen sich streicheln und stecken einem ihre feuchten Muffeln in die hohle Handfläche. Man könnte sie für völlig gezähmt halten. Nichts mehr läßt das unerforschliche Freiheitssehnen ahnen, das sonst die Gazellen lautlos verlöschen läßt und ihnen einen stillen Tod schenkt.

Aber es kommt ein Tag, da findet man seine Tiere an der Wüstenseite des Verschlages, gegen den sie ihre kleinen Hörner stemmen, wie von Magneten angezogen. Sie wissen nicht, daß sie den Menschen fliehen; freundlich trinken sie die Milch, die er ihnen bringt, sie lassen sich streicheln und stecken noch zärtlicher ihre Muffeln in seine Hand. Kaum aber läßt er sie allein, da gibt es im Verschlag so etwas wie einen freudigen Galopp. Er führt aber nur zurück zum Gitter. Und wenn der Mensch sich nicht um sie kümmert, bleiben sie dort bis zum Tode. Sie versuchen nicht einmal, gegen die Schranken anzurennen. Sie lehnen nur die gesenkten Köpfe dagegen. Ist es der Ruf der Liebe oder nur die Sehnsucht nach einem atemlosen Lauf durch die Weite? Sie wissen es selbst nicht. Ihre Augen waren ja noch nicht offen, als man sie einfing. Sie kennen die Freiheit so wenig wie die Witterung des Bockes.

Aber der Mensch, der mehr von ihnen weiß als sie selbst, sieht deutlich, was sie suchen: die Welt und ihre Erfüllung darin. Sie wollen Gazellen sein und ihren Tanz tanzen. Sie wollen geradlinig dahinflüchten, hundert Kilometer in der Stunde, mit eingeschobenen Spähersätzen, die so aussehen, als ob der Sand da und dort Flammen emporschicke.

Was kümmern sie sich um Schakale, wenn es die Wahrheit der Gazellen ist, in der Furcht zu leben, die allein ihnen Höchstleistungen abringt? – Was kümmert sie der Löwe, wenn es ihre Wahrheit ist, unter der glühenden Sonne von seiner Pranke zerfleischt zu werden? Ihr Pfleger sieht sie und weiß, daß sie das Heimweh erfaßt hat, das Heimweh, die Sehnsucht nach dem unbekannten Ziele. Es ist wirklich ein Ziel, auch wenn wir keinen Namen dafür wissen.

Was fehlt uns Menschen?

Woher wußtest du denn, Unteroffizier, daß du nunmehr dein Leben nicht mehr verrietest? Sagte es dir der brüderliche Arm, der deinen schlafenden Kopf hochhob, das liebevolle Lächeln, das nicht bemitleidete, aber teilnahm? „He, Kamerad!" Selbst einander beklagen heißt immer noch, zu zweien sein, getrennt zu sein durch das Mitleid. Aber es gibt eine Größe der Beziehungen von Mensch zu Mensch, wo Dank und Mitleid ihren Sinn verlieren. Da atmet man auf wie ein befreiter Gefangener.

Wir erlebten diesen Grad des Einsseins besonders nachdrücklich zu einer Zeit, als wir sicherheitshalber die noch ununterworfenen Gebiete im Rio de Oro nie anders als in Geschwadern von zwei Flugzeugen überflogen. Da kam es nicht in Frage, daß der Schiffbrüchige seinem Retter dankte. Meist flogen sogar Grobheiten hin und her, wenn wir uns mit der Bergung der Postsäcke von dem zu Bruch gegangenen Flugzeug ins andere plagten: „Du dummer Kerl, an unserer Panne bist nur du schuld mit deiner Schnapsidee, in 2000 Meter Höhe zu fliegen, immer fest in den Gegenwind! Wärst du nur tiefer mit uns geflogen, wären wir schon in Port-Étienne." Und der andere, der doch freiwillig sein Leben wagte, schämte sich, ein dummer Kerl zu sein. Wofür hätten wir uns auch bedanken sollen? Jeder hatte das Recht auf das Leben der anderen. Wir waren Äste am gleichen Baum. Und jeder war stolz auf seinen Retter!

Warum sollte auch der Kamerad, der den Unteroffizier zum Tode bereitete, ihn bemitleiden? Jeder trat für den anderen ein. In solchen Minuten merkt man, daß die Verbundenheit keine Worte braucht. Ich habe auch seine freiwillige Meldung so gut verstanden. Daheim war er arm, einsam nach der Arbeit, ohne ein wirkliches Heim. Hier fühlte er sich wachsen, hier fand er Anschluß ans Weltall. Der Ausgestoßene wurde von der Liebe empfangen.

Es ist gleichgültig, ob die großen Worte des Politikers, die ihn vielleicht erweckt hatten, ehrlich waren oder gar wahr. Wenn sie nur bei ihm als guter Samen aufgingen, dann waren sie schon, was er brauchte. Darüber kann sonst niemand urteilen. Nur der Boden erkennt die Güte der Saat.

III

Wenn uns ein außerhalb unseres Ichs liegendes gemeinsames Ziel mit anderen Menschen brüderlich verbindet, dann allein atmen wir frei. Die Erfahrung lehrt uns, daß Liebe nicht darin besteht, daß man einander ansieht, sondern daß man gemeinsam in gleicher Richtung blickt. Kameraden dürfen sich nur Menschen nennen, die in der gleichen Gruppe angeseilt demselben Gipfel entgegenstürmen, um ihn gemeinsam zu erreichen. Warum beglückte es uns so tief, wenn wir in unserem Zeitalter der größten Bequemlichkeit in der Wüste die letzten Lebensmittel miteinander teilen konnten? Die andersartigen Voraussagen der Gesellschaftswissenschaft müssen dagegen verstummen. Allen denen, die das herrliche Vergnügen einer Flugzeugbergung in der Sahara erlebt haben, scheint jede andere Vergnügung höchst mittelmäßig.

Das ist vielleicht der Grund, weswegen die Welt um uns in den Fugen kracht. Jeder begeistert sich für einen Glauben, der ihm seine Erfüllung gewährleisten soll. Aus allen spricht der gleiche Trieb, wenn sich auch die Losungsworte widersprechen. Jeder will aus anderen Überlegungen heraus einen anderen Weg gehen. Über das eigentliche Ziel aber besteht keine Meinungsverschiedenheit. Es leuchtet über alle politischen, kirchlichen, weltanschaulichen und anderen Bestrebungen.

Das müssen wir verstehen, dann wundern wir uns über nichts mehr. Ein Mensch, der von dem schlafenden Unbekannten in sich nichts wußte, kann sein Erwachen zufällig irgendwo in einer revolutionären Versammlung spüren, weil ihn der Gedanke des Opfers, der wechselseitigen Hilfe, eines starren Bildes der Gerechtigkeit aufrüttelt. Der Mann wird dann nur noch eine Wahrheit kennen, die Wahrheit dieser revolutionären Gruppe. Wer aber einmal auf Wache zog, um ein Völkchen von kleinen knienden Nonnen in den Klöstern Spaniens zu schützen, der wird freudig für die Kirche sterben.

Wenn man Mermoz entgegengehalten hätte, daß er verblendet gewesen sei, als er mit siegesgeschwelltem Herzen den chilenischen Absturz der Anden hinabflog, daß doch einige Geschäftsbriefe den Einsatz seines Lebens nicht wert wären, dann hätte er nur gelacht. Der Einsatz galt der Geburt des Menschen in ihm, die vollendet war, als er den Kamm der Anden bezwang.

Wenn man einen Menschen, der den Krieg bejaht, von der Entsetzlichkeit des Krieges überzeugen will, darf man ihn nicht Rohling schimpfen; man muß ihn zu verstehen suchen.

Um das zu tun, braucht man sich nur einmal in die Seele eines Hauptmannes des Südheeres zu versetzen, der im Rifkriege einen weit vorgeschobenen Posten befehligte, der als Keil zwischen zwei aufständische Berglandschaften getrieben war. Eines Tages erhielt er den Besuch von Unterhändlern aus den westlichen Bergen. Freund und Feind saßen gerade beim Tee, wie sich das gehört, als eine starke Schießerei losging. Die Stämme aus dem östlichen Bergland griffen den Posten an. Da sagten die feindlichen Unterhändler zu dem Hauptmann, der sie vor die Tür setzen wollte, um bei seiner Verteidigung unbehindert zu sein: „Heute sind wir deine Gäste. Gott erlaubt nicht, daß wir dich verlassen.“ Sie kämpften auch wirklich Schulter an Schulter mit ihm, taten das Ihre, den Posten zu retten, und stiegen nachher in ihre Adlernester hinauf.

Als nun aber der Tag herankam, an dem sie ihrerseits den Angriff unternahmen, schickten sie Abgesandte zum Hauptmann.

Es entspann sich folgendes Gespräch:

„Neulich haben wir dir geholfen.“

„Gewiß!“

„Wir haben für dich dreihundert Patronen verschossen. „

„Gewiß!“

„Da wäre es recht und billig, wenn du sie uns wiedergibst.“

Und der Hauptmann fühlt sich zu groß, um einen Vorteil auszunützen, den ihm die vornehme Gesinnung anderer verschafft. Er gibt ihnen die Patronen wieder, die sie morgen gegen ihn verwenden werden.

Für den Menschen gibt es nur eine Wahrheit, das ist die, die aus ihm einen Menschen macht. Wer die Würde solcher Beziehungen, die Ehrlichkeit des Spiels, die wechselseitige Hochachtung, deren Pfand das Leben ist, mit einem Worte: die ihm durch den Krieg gebotene Erhebung erwägt, der kann nur ein verächtliches Mitleid für den Völkerverbrüderer spüren, der seine Verbundenheit mit denselben Arabern bekundet, indem er ihnen mit großer Gebärde auf die Schulter schlägt, der sie demütigt, indem er ihnen schmeichelt.

In diesem Falle hätte der Soldat recht. Aber auch derjenige, der den Krieg verabscheut, hat recht.

Wenn wir den Menschen und seine Bedürfnisse in ihrem wesentlichsten Kerne verstehen wollen, dürfen wir nicht die Beweisgründe für die verschiedenen Wahrheiten einander gegenüberstellen. Gewiß, ihr habt recht – alle haben recht. Mit Logik kann man alles beweisen. Auch der hat recht, der alle Mißstände der Welt den Buckligen zur Last legte; zweifellos begehen auch die Buckligen Verbrechen. Und ein Krieg gegen die Buckligen gäbe uns Gelegenheit zur Begeisterung. Wenn wir das Wesentliche erkennen wollen, müssen wir für einen Augenblick die Parteiungen vergessen. Sobald wir uns nämlich auf die einlassen, spinnen wir uns in einen Koran „ewiger Wahrheiten“ ein, und mörderischer Fanatismus ist die notwendige Folge davon. Man kann die Menschen in Linksgerichtete und Rechtsgerichtete, in Bucklige und Nichtbucklige, in Demokraten und Nichtdemokraten einteilen, und diese Gruppenbildungen sind logisch unanfechtbar. Aber die Wahrheit muß die Welt deuten und nicht ins Chaos stürzen. Wahrheit ist eine Sprache, die Allgültiges sagt. Newton hat nicht etwa ein lange unerkanntes Gesetz „entdeckt“, wie man etwa ein Rätsel löst, in dem die Antwort schon steckt. Seine Tat ist viel schöpferischer. Er hat ein Stück menschlicher Sprache geschaffen, das den Fall eines Apfels und den Lauf der Sonne zu erfassen erlaubt. Wahrheit besteht nicht in Beweisen, sie besteht im Zurückführen auf die letzte Einfachheit.

Was nützt es, Ideologien zu erörtern? Alle lassen sich beweisen, aber alle widersprechen einander. Weltanschauliche Aussprachen können einen am Heil der Menschheit verzweifeln lassen, wo doch alle Menschen ringsum das gleiche ersehnen.

Wir wollen befreit werden, das ist es. Wer einen Spatenstich tut, will wissen wofür. Der Spatenstich des Strafgefangenen ist entehrend und hat nichts gemein mit dem Spatenstich des Goldsuchers, der ihn adelt. Das Zuchthaus ist nicht überall, wo Spaten in die Erde getrieben werden – körperliche Arbeit ist kein Schrecknis – es ist nur da, wo Spatenstiche ohne Sinn getan werden, Spatenstiche, die den Menschen nicht an die Gemeinschaft der Menschen binden.

Dem Zuchthaus wollen wir entfliehen.

Zweihundert Millionen Menschen in Europa haben keinen Sinn in ihrem Leben und wollen geboren werden. Die Industrie hat sie der bäuerlichen Sippe entzogen und sie in riesige Ghettos gebannt, die aussehen wie lange Zeilen rußiger Bahnwagen auf den Geleisen eines Verschiebebahnhofes. Aus diesen Arbeiterstädten wollen sie erweckt werden.

Es gibt allzu viele, die in das Räderwerk der Berufe geschmiedet sind, denen alle Freuden des Bahnbrechers, des Gläubigen, des Wissenden versagt sind. Man meinte, es genüge, sie zu bekleiden, zu nähren und sonstige Bedürfnisse zu befriedigen, um sie groß zu machen. Man hat auf diese Weise nur den kleinen Spießer, den Kannegießer und den Maschinenmenschen großgezogen. Man bildet sie aus, statt sie zu unterrichten. Eine armselige Auffassung der Kultur greift um sich, die im Formelgedächtnis das Höchste sieht. Ein mäßiger Schüler der Maschinenbauschule weiß mehr von der Natur und ihren Gesetzen, als seinerzeit

Descartes und Pascal wußten. Ist er aber des geistigen Aufschwunges dieser Großen fähig?

Wir fühlen alle mehr oder minder deutlich eine Sehnsucht nach der wirklichen Geburt. Aber uns allen drohen trügerische Lösungen. Man kann die Menschen ja auch aufwecken, indem man sie in Uniformen steckt. Dann singen sie ihre Kampflieder und teilen ihr Brot als Kameraden miteinander.

Dann erfüllt sich ihr Suchen, und sie wähnen, das große Einheitsleben zu kosten allgültig und allverbunden. Aber an dem Brote, das man ihnen bietet, müssen sie sterben ... Man kann Götzen von einst ausgraben und alte wirksame Mythen beleben, die Zauberlehren des Alldeutschtums oder des Heiligen Römischen Reiches. Man kann die Deutschen trunken machen mit dem Stolz, Volksgenossen Beethovens zu sein. Bis zum Straßenkehrer kann man sie berauschen, und das ist leichter, als aus einem Straßenkehrer einen Beethoven zu machen.

Aber das sind fleischfressende Götter. Wer für die Fortschritte von Forschung oder Seuchenbekämpfung stirbt, dient dem Leben. Vielleicht war es auch früher einmal schön, für die Erweiterung eines Landes zu sterben. Es ist heute nicht mehr damit getan, einiges Blut zu opfern, um die Rasse im ganzen wieder aufzufrischen.

Seitdem der Krieg mit Flugzeugen und Kampfstoffen geführt wird, ist aus dem Aderlaß eine Amputation geworden. Jeder der Gegner hockt hinter seinen Betonmauern, jeder schleudert, weil er nichts Besseres vermag, Nacht für Nacht seine Flugzeuggeschwader hinüber, die den andern ins Eingeweide treffen, seine lebenswichtigen Zentren mit Bomben belegen, seine Produktionsstätten und seine Verkehrswege lähmen. Derjenige, der als letzter zugrunde geht, ist der Sieger. Aber schließlich verkommen sie alle beide.

In einer Welt, die öde geworden war, sehnten wir uns nach Kameradschaft. Das wunderbare Erlebnis, mit Kameraden das Brot zu teilen, hat uns dazu geführt, eine soldatische Weltanschauung anzunehmen. Aber der Krieg ist dazu nicht nötig. Auch ohne ihn kann man die Empfindung von Schultern in naher Fühlung genießen, die dem gleichen Ziele zustreben. Der Krieg betrügt uns: denn der Haß erhöht das Hochgefühl des Kampfes nicht. Wozu Haß? Wir sind alle Schicksalsgefährten, vom gleichen Stern durch den Raum getragen. Wir sind die Mannschaft eines Schiffes. Und wenn die Gegensätze der Kulturen wertvoll sind, weil sie immer neue Mischungen erlauben, so ist es ungeheuerlich, daß sie einander vernichten.

Zu unserer Befreiung genügt es, daß man uns dazu verhilft, ein Ziel zu erkennen, das uns mit anderen Menschen verbindet. Da können wir ebensogut ein Ziel suchen, das uns alle vereint. Dem Arzt fällt es bei seinem Rundgang nicht ein, die Klagen eines Kranken anzuhören; er untersucht ihn und heilt den Menschen in ihm. Darum spricht der Arzt eine allgültige Sprache. Dasselbe tut der Physiker, wenn er seine fast übersinnlichen Gleichungen aufbaut, in denen er zugleich Atome und Weltnebel erfaßt. So geht das weiter bis zum einfachen Hirten. Wer noch so bescheiden einige Schafe unter dem nächtlichen Sternenhimmel hütet, wird merken, daß er mehr ist als ein Diener. Wenn er sich seiner Rolle bewußt wird, kann er sich nur noch als Schildwache fühlen. Und jede Wache ist verantwortlich für das Heil des ganzen Reiches.

Ihr glaubt wohl nicht, daß der einfache Hirte sich seiner Rolle bewußt werden will? Nun, ich sah in einer spanischen Linie einen Unterrichtskursus, fünfhundert Meter hinter den Schützengräben. Dort trug in der Deckung einer Mauer auf einem Hügel ein Gefreiter Pflanzenkunde vor. Er zerlegte in der Hand die zarten Teile eines Klatschmohns. Er lockte die bärtigen Pilger zu sich, die ringsum ihren Schlamm verließen und trotz Granateinschlägen zu ihm wallfahrteten. Sie saßen im Türkensitz um ihn im Kreis und hörten zu. Sie stützten das bärtige Kinn auf die Faust, sie runzelten die Augenbrauen, sie bissen die Zähne zusammen und verstanden nicht viel von dem Vortrag. Aber man hatte ihnen gesagt: „Ihr seid vertiert, ihr kommt nie aus euern Löchern heraus, ihr müßt wieder Anschluß an das Menschliche finden." Und so strebten sie denn mit schweren Schritten menschlicher Bildung zu.

Wir können nur dann in Frieden leben und in Frieden sterben, wenn wir uns unserer Rolle ganz bewußt werden, und sei diese auch noch so unbedeutend und unausgesprochen. Das allein macht glücklich.

Was aber dem Leben Sinn verleiht, gibt auch dem Tod Sinn. Es ist leicht zu sterben, wenn es in der Ordnung der Dinge liegt. Es ist nicht so schwer für den Bauer aus der Provence. wenn er am Ende seines Waltens seinen Besitz an Ziegen und Ölbäumen seinen Söhnen übergibt, damit diese ihn einst den Kindern ihrer Kinder weiterreichen. In einer Bauernsippe stirbt man niemals ganz. Jedes Leben zerspringt wie eine Schote, die ihre Körner abgibt.

Einst stand ich drei Bauern zur Seite, die am Totenbett ihrer Mutter versammelt waren. Gewiß, es war schmerzlich. Zum zweiten Male wurde die Nabelschnur zerrissen; zum zweiten Male löste sich ein Band, das eine Generation an die folgende knüpft. Die drei Söhne entdeckten, wie allein sie plötzlich auf der Welt standen. Sie mußten ganz umlernen.

Der Familientisch war gelöst, der selbstverständliche Treffpunkt aller an Festtagen fehlte, denn die Achse war weggenommen, um die sich alles sammelte. Aber zugleich machte ich doch die Entdeckung, daß das Leben zum zweiten Male geschenkt werden kann.

Jeder der Söhne war nun selbst ein Sippenhaupt bis zu der Stunde, wo er das Amt an die kleine Schar, die jetzt schon draußen auf dem Hofe spielte, weitergeben durfte.

Ich sah auf die Mutter. Es war eine alte Bäuerin mit einem friedlichen und harten Gesicht mit strengen Lippen. Das Antlitz war wie eine steinerne Maske. In den Zügen der Söhne fand es sich wieder; die Maske hatte gedient, andere Gesichter zu prägen, und dieser Körper hatte andere Körper geprägt. Da standen drei stattliche Männer. Sie aber lag da, gebrochen, wie ein abgebauter Erzgang. Doch die Kinder, Söhne wie Töchter, würden wieder Menschenkinder prägen. Dem Bauernhof ist der Tod fremd. La mère est morte, vive la mère!

Gewiß ist es ein bewegendes Bild, wenn die schönen Menschen der Sippe einer nach dem anderen im schlohweißen Haare am Wege liegenbleiben. Aber das Bild ist von erhebender Schlichtheit, weil die Sippe durch diesen Gestaltenwechsel von Geschlecht zu Geschlecht einer höheren Wahrheit entgegenwandert.

Darum schien mir in der Glocke des kleinen Dorfes, die am Abend den Tod der Bäuerin einläutete, nichts von Jammer und Verzweiflung zu klingen, sondern nur stille und zärtliche Trauer. Mit gleicher Stimme feiert sie ja Taufe und Begräbnis. Sie meldete den Übergang von einer Generation zur anderen. Tiefer Friede ging von der Vermählung eines alten Menschen mit der Erde aus.

Der Schatz, der von Geschlecht zu Geschlecht weitergegeben wird, der dabei langsam wächst wie ein Baum, das ist das Leben, das Bewußtsein seiner selbst. Welch geheimnisvolle Ahnenreihe haben wir doch: glühende Lava, Sternenmasse, eine erste Zelle sind Keime des Wunders, dem wir entstammen. Langsam sind wir so weit gestiegen, daß wir Symphonien schaffen und Sterne wägen.

Die Mutter hatte nicht nur das Leben weitergegeben, sie hatte ihren Kindern auch eine Sprache mitgeteilt, die eine in Jahrhunderten langsam gewordene Fracht darstellt, ihr geistiges Erbgut enthält. Sie selbst hatte sie einst zu Lehen erhalten, einen kleinen Vorrat von Überlieferungen, von Weltanschauung und Mythos, der den einzigen Unterschied Shakespeares und Newtons gegenüber dem tierischen Höhlenmenschen ausmacht.

Unser Werden ist noch nicht vollendet, solange wir Hunger spüren, eben den Hunger, der die spanischen Soldaten unter dem Feuer zu einem Pflanzenkundekursus trieb, der Mermoz auf den Südatlantik führte, anderen ihre Gedichte eingibt. Darum müssen wir uns unser selbst und der Welt bewußt werden. Die Losung lautet: Sturmleitern an die Nacht legen! Nur die kennen diesen Kampfeseifer nicht, die ihre Weisheit aus einer Gleichgültigkeit ziehen, die sie für lebensklug und ihnen förderlich halten. Aber alles gibt ihnen unrecht. Ihr, meine Kameraden, bezeugt es mir: in welchen Stunden haben wir uns glücklich gefühlt?

IV

Auf der letzten Seite meines Buches muß ich noch einmal auf die Beamtenseelen zurückkommen, die uns am Morgen unseres ersten Fluges das Geleit gaben, auf dem wir die Menschheitsweihe empfangen wollten und erwählt wurden. Sie waren Wesen unseresgleichen. Sie ahnten nur nicht, daß sie Hunger hatten.

Es sind ihrer zu viele, die man schlafen läßt.

Vor einigen Jahren befand ich mich auf einer langen Reise, und mir kam die Lust, die fahrende Heimat anzusehen, der ich mich auf drei Tage verschrieben hatte. Ich erhob mich also in dem Lärm, der dem Geräusch des rollenden Schuttes in der Meeresbrandung gleicht, und ging um ein Uhr nachts durch den ganzen Zug.

Die Schlafwagen waren leer, die Wagen erster Klasse gleichfalls, aber die Wagen der dritten beherbergten Hunderte polnischer Arbeiter, die aus Frankreich abgeschoben wurden und ihrer Heimat zufuhren. Ich mußte in den Gängen über schlafende Menschen hinwegschreiten. Ich blieb stehen, um sie zu betrachten. Unter der dürftigen Nachtbeleuchtung in dem großen, ungeteilten Wagen, der einem Massenlager glich, einem Kasernenraum oder einer Polizeiwache, sah ich ein ganzes Volk, geschüttelt von den Bewegungen des Schnellzuges, ein ganzes Volk, getaucht in böse Träume, auf dem Wege zu entsetzlicher Armut. Dicke, kurzgeschorene Köpfe rollten auf dem Holz der Bänke; Männer, Frauen und Kinder wälzten sich unruhig, als ob all der Lärm sie feindselig angriffe, als ob sie die Stöße aus ihrem Vergessen aufrüttelten. Sie hatten alle nicht die Gastlichkeit guten Schlafs gefunden. Es schien mir, als hätten sie etwas von ihrem Menschentum eingebüßt, wie sie so von den Wirtschaftsschwankungen von einem Ende Europas zum anderen gefegt wurden. Man hatte ihnen das kleine Haus in Nordfrankreich mit seinem winzigen Garten und den drei Geraniumtöpfen entrissen, die ich früher so manches Mal an den Fenstern der polnischen Kumpel gesehen habe. In schlecht verschnürten, verbeulten, klaffenden Bündeln hatten sie nur eben ihr Küchenzeug, ihre Decken und Vorhänge verpackt. Alles andere, was während der vier oder fünf Jahre ihres Aufenthalts in Frankreich ihr Glück und Trost war, die Katze, der Hund, die Geranien, mußten zurückbleiben, und nur die Schüsselsätze der Küche gingen mit.

Eine Mutter stillte ihr Kind. Sie war so erschöpft, daß man meinen konnte, sie schliefe. Das Leben ging in diesem Wagen in Widersinn und Unordnung weiter. Ich sah auf den Vater; ein nackter, schwerer Schädel wie ein Stein, ein Körper, der sich im unbequemen Schlafe krümmte und in Arbeitskleidern steckte, die abgetragen und zerknüllt waren. Wie ein Lehmkloß sah er aus.

Ich mußte bei mir denken: Nicht die Armut, nicht der Schmutz und die Häßlichkeit sind hier die große Frage. Aber dieser Mann und diese Frau haben sich doch eines Tages kennengelernt. Damals hat er ihr doch sicher zugelächelt, er hat ihr nach der Arbeit Blumen gebracht. Vielleicht war er ein wenig schüchtern und linkisch und hatte Angst, sie könnte ihn verschmähen. Die Frau hat sich vielleicht in natürlicher Koketterie und Anmut den Spaß gemacht, ihn in Unruhe zu halten. Er aber, der jetzt nur noch ein Hammer und eine Bohrmaschine ist, fühlte damals in seinem Herzen eine beglückende Angst. Das entsetzliche Geheimnis drückte mich, wie diese Menschen solche Lehmklöße werden konnten. In welche furchtbare Form sind sie gepreßt worden, aus der sie wie vom Treibhammer zerbeult herauskommen? Ein alterndes Tier behält doch Anmut. Warum ist dieser herrliche menschliche Ton von seinem Töpfer verdorben worden! Und weiter und weiter fuhr ich unter diesem Volk, dessen Schlaf die Unrast einer Nachtwirtschaft an sich trug. Ein dumpfer Lärm mischte sich aus rauhem Schnarchen, unterdrückten Klagen und dem Schlürfen der Schuhe auf der Bank, sooft einmal einer auf der anderen Seite zu liegen versuchte, wenn die eine lahm und zerschlagen war. Dazu klang als ständige Begleitung das Rasseln des Zuges, das dem Geräusch des rollenden Schuttes in der Meeresbrandung gleicht.

Ich setzte mich einem Paar gegenüber. Zwischen Mann und Frau hatte sich das Kind ein Nestchen gebaut, so gut es ging, und schlief. Einmal wendete es sich doch im Schlaf und sein Gesichtchen erschien mir im Licht der Nachtbeleuchtung. Welch liebliches Gesicht! Diesem Paar war eine goldene Frucht geboren; aus den schwerfälligen Lumpen war eine Vollendung von Anmut und Lieblichkeit entsprungen. Ich beugte mich über die glatte Stirn, die feingeschwungenen Lippen und sah, das ist ein Musikerkopf – das ist Mozart als Kind, eine herrliche Verheißung an das Leben! So sind nur die kleinen Prinzen im Märchen. Was könnte aus diesem Kind, wenn es behütet, umhegt, gefördert würde, alles werden! – Wenn in einem Garten durch Artwechsel eine neue Rose entsteht, faßt alle Gärtner größte Aufregung. Man verwahrt die Rose, man pflegt sie, man tut alles für sie. Aber für die Menschen gibt es keinen Gärtner. Das Kind Mozart wird wie alle anderen vom Hammer zerbeult. Vielleicht empfängt es einst seine höchsten Wonnen von einer entarteten Musik in der stickigen Luft eines Nachtcafés.

Mozart ist zum Tode verurteilt.

Ich kehrte in mein Abteil zurück, und meine Gedanken gingen mit: Diese Leute leiden gar nicht unter ihrem Los. Nicht Nächstenliebe bewegt mich hier. Ich will mich nicht über eine nie verheilende Wunde erbarmen; denn die Menschen, die sie am Leibe tragen, fühlen sie nicht. Aber das Menschliche ist hier beleidigt, nicht der einzelne Mensch. An Mitleid glaube ich nicht, aber ich sehe die Menschen an wie ein Gärtner. Darum quält mich nicht die tiefe Armut, in der man sich schließlich ebensogut zurechtfindet wie in der Faulheit. Generationen von Morgenländern leben im Schmutz und fühlen sich wohl dabei. Mich quält etwas, was die Volksküchen nicht beseitigen können. Nicht Beulen und Falten und alle Häßlichkeit; mich bedrückt, daß in jedem dieser Menschen etwas von einem ermordeten Mozart steckt.

Nur der Geist, wenn er den Lehm behaucht, kann den *Menschen* erschaffen.